北京民族教育丛书

夏铸

夏铸：藏族，教育部民族教育司原司长，现国家副总督学、中国少数民族教育学会副会长兼秘书长。

北京民族教育丛书

小学民族团结
融入学科教育读本

北京市东城区回民小学 编著

民族出版社

北京市人民代表大会常务委员会

《北京民族教育丛书》编委会全体同志：

  值《北京民族教育丛书》出版之际，谨表示热烈的祝贺！向参加过丛书编写工作的每一位同志致以崇高的敬意！

  《北京民族教育丛书》是对多年来首都民族教育事业的发展，首都发挥民族教育的窗口作用和辐射作用的全面总结与理论提升。

  祝贺《北京民族教育丛书》的出版，相信这部书一定会为首都民族教育整体水平的提高提供强有力的理论支持，并为巩固和发展平等、团结、互助、和谐的社会主义民族关系，维护民族团结，促进各民族的共同繁荣与发展发挥出重要作用。

国　家　总　督　学　顾　问
联合国教科文组织协会世界联合会副主席
亚太地区联合国教科文组织协会联合会名誉主席
中　国　民　办　教　育　协　会　会　长
中　国　教　育　学　会　副　会　长

2009 年 11 月 16 号

《小学民族团结融入学科教育读本》编委

努力开创首都民族教育工作新局面
（代总序）

　　民族教育是整个教育事业的重要组成部分,也是党和国家民族工作的重要内容。北京是全国政治、文化和国际交往的中心,是我国各民族的首都,也是多民族散杂居的地方。首都民族教育工作关系到少数民族群众的根本利益,关系到首都乃至全国的稳定,关系到民族团结和国家的统一。

　　为全面落实国务院《关于深化改革加快发展民族教育的决定》(以下简称《决定》)和第五次全国民族教育工作会议精神,北京市教育委员会、北京市民族事务委员会于2002年就共同提出应从以下八个方面加速推进首都民族教育的改革与发展。

一、提高认识,加强对民族教育工作的领导

　　民族教育是整个教育事业的重要组成部分,也是党和国家民族工作的重要内容。北京是全国政治、文化和国际交往的中心,是我国56个民族的首都,也是多民族散杂居的地方。首都民族教育工作关系到少数民族群众的根本利益,关系到首都乃至全国的稳定,关系到民族团结和国家的统一。各级领导要从讲政治的高度、从大局和战略的高度,提高对民族教育工作重要性的认识,把民族教育工作摆到重要位置来抓。要认真学习、领会第五次全国民族教育工作会议精神,学好《决定》,结合实际,认真总结民族教育工作的基本经验,分析民族教育发展中遇到的新情况、新问题,提出新形势下做好民族教育工作的新思路。要进一步贯彻落实《北京市少数民族权益保障条例》和有关的民族政策,把发展民族教育纳入法制轨道。

　　要切实加强对民族教育工作的领导,树立民族教育优先发展的观点,将民族教育事业的发展纳入教育发展的整体规划之中,将民族学校的建设纳入基础设施建设计划,给予优先安排。要在部署、总结年度工作时把民族教育工作作为一项重要内容,把民族教育工作开展情况列入教育督导检查项目,并建立通报制度。各区县要有相应的机构和人

员负责民族教育工作,确保民族教育工作的政策、措施落到实处。

二、优化资源配置,办好每一所民族学校、幼儿园

根据经济和社会发展需要及人口和生源变化情况,进一步加强民族学校的规划与建设,合理调整民族学校布局,促进教育资源的优化配置。对于一些生源少、办学规模过小,继续办学较为困难的民族学校可采取与相邻办学条件较好的学校合并的方式进行调整,调整后仍可保留民族学校的牌子。布局调整后保留的民族学校要依据新的办学条件标准加强建设,要建设一所,达标一所。凡撤并、置换民族学校,需做好当地少数民族群众的工作,并征得区县民族工作部门同意后分别报市教委、市民委备案。要加强民族职业学校和回民中学示范高中建设,适当发展寄宿制学校,满足少数民族群众多层次的教育需求。

要积极发展少数民族学前教育,在少数民族聚居区,至少要办好一所市颁标准的民族幼儿园。

三、加强队伍建设,提高干部、教师的素质和水平

要把干部、教师队伍建设摆在民族教育发展的优先位置。采取倾斜政策,优先为民族学校(幼儿园)配备优秀师资,优先考虑民族学校(幼儿园)骨干教师的培养。2003 年起,市教委、市民委通过依托有关部门举办民族学校骨干校长、教师研修班;适时选派优秀干部、教师国内考察,出国培训;组织北京市城区学校与郊区县民族学校对口支援等多种形式,提高民族学校干部、教师的能力和素质,培养一批民族教育骨干教师和学科带头人。要继续组织好"民族教育烛光杯奖"评选表彰活动,激励民族教育工作者立志民族教育工作,无私奉献,扎实工作,勇于创新。各区县也要从实际出发,紧密结合教学改革对教师教学思想、业务知识、教学能力提出的新要求,做好民族学校教师培养、继续教育和培训的工作。加强民族学校校长队伍建设,提高校长依法治校和科学管理的意识、能力和水平。

四、深化教育教学改革,增强办学活力

从少数民族群众需求出发,积极探索与民族经济和社会发展相适应的民族学校办学模式。抓住当前基础教育课程改革的契机,从课程设置、教学内容、教学组织形式、管理方式、教试制度等方面深化改革,办出少数民族教育的特色,使民族教育切实为提高少数民族人口素质服务,为民族地区经济和社会发展服务。

要积极引导各级各类民族学校深化办学体制、管理体制改革,通过改革提高自身发展能力。进一步调动社会各界关心民族教育,支持民族教育的积极性,鼓励和支持社会

力量办学,形成以各级政府办学为主,多渠道办学的格局。

加强民族教育的教科研工作,发挥民族教育研究会的作用,以课题研究的方式,运用科研成果提高全市民族教育的水平。

五、广泛深入开展民族团结教育活动,搞好民族团结教育

要将民族团结教育列为中小学教育工作的重要内容。充分利用相关学科的社会实践基地,课外、校外民族传统活动等灵活多样的方式,有重点、分层次、有针对性地在中小学生中开展民族团结教育。要将民族团结教育列为爱国主义教育、公民道德教育的重要内容,重点加强马克思主义民族观、宗教观和党的民族、宗教政策的教育,加强我国各族人民为中华民族统一多民族国家的形成而浴血奋斗的历史教育,加强各民族人民在党的领导下建设社会主义伟大国家的教育,使各族师生进一步增强"汉族离不开少数民族,少数民族离不开汉族,少数民族之间也相互离不开"的思想,牢固树立自觉维护国家统一、反对民族分裂的思想意识,增强学生的社会主义法制观念、道德观念。

六、加大投入,进一步增强对民族教育的扶持力度

市教委将继续在市级教育费附加中设立民族教育专项经费,用于支持民族学校改善办学条件。全市组织实施的示范高中建设、农村中小学建设、教育信息化建设等项工程也要对民族学校给予倾斜。

各区县在安排教育资金时应当考虑对民族学校的扶持。已经设立专项经费的,要充分发挥资金的使用效益。还未设立专项经费的,要按照国务院的文件要求尽快设立,用于帮助民族学校和民族托幼园(所)加强教师队伍建设,改善办学条件,提高教育质量,解决贫困民族学生就学困难。区县要在分年度实施公用经费达标计划时,保障民族学校优于普通学校率先达到新修订的《北京市普通教育事业公用经费定额标准(试行)》。

七、加快教育信息化建设,为民族教育发展构建现代化技术支撑平台

根据北京市提出的"十五"期间中小学教育信息化建设目标要求,大力推进民族学校办学手段现代化。充分发挥现代化信息技术特有的优势,为民族学校的教学及教师培训服务,推动办学形式、教学模式、学习方式等方面的变革。民族中小学应优先建成校园网,实现校校通;优先做到小学、初中学生平均每十人拥有一台计算机,高中学生平均每八人拥有一台计算机。加强对民族学校信息技术骨干教师的培养,促进信息技术在教育教学和管理中的广泛应用。努力提高干部教师应用信息技术的能力和对优质教育资源的共享能力,提高教育管理的现代化程度。

八、继续做好对口支援西部工作,办好北京西藏中学和潞河中学新疆高中班

要按照中共中央、国务院《关于推动东西部地区学校对口支援工作的通知》精神,发挥北京教育资源优势,加大对口支援西部教育的力度。积极开展教育系统与西部地区的合作,扩大在西部地区的招生规模,为西部地区经济社会发展培养急需人才。进一步落实北京与内蒙古教育对口支援、合作项目,提高对口支援的效益。

下力气办好北京西藏中学和潞河中学新疆高中班。要注意总结办校、办班工作的经验,解决办学、招生中遇到的新问题,进一步完善有关管理办法。在资金投入、硬件设施配置、师资配备等方面继续给予政策倾斜。努力把西藏中学、潞河中学新疆高中班建设成为办学条件、管理水平处于全国领先地位的一流的民族教育示范窗口。

近年来,北京市的民族教育有了长足的发展,取得了可喜的成绩。正是在这种背景下,我们组织编写了《北京民族教育丛书》。丛书选编了北京市民族学校进行民族团结教育教学、科研的经验总结,编写了民族体育、民族文学、民族工艺、民族舞蹈、民族歌曲等方面的教学读本,也对各民族学校开展民族团结学科渗透教育的创新教学方式进行了总结。在编写中,从中小学教师教学、科研的需要出发,力争使每一本书都对提高中小学教师科研、教学的素质和水平有所助益,力争为教师们进行民族团结教育提供一些材料,从而更好地推广民族团结教育工作。

本次编写出版工作得到北京市教委、各民族学校的大力支持。相信在大家的共同努力下,本套丛书的顺利付梓出版,将推动民族团结教育的进一步发展!

《北京民族教育丛书》编委会

2009 年 8 月

编辑说明

　　《北京民族教育丛书》从 2009 年 7 月份开始正式进入编辑出版流程。本丛书共三个主题：一是政策资料汇编，汇编了我国民族教育相关文件和北京多所学校实行民族团结教育的经验、成果，共有 4 本书；二是学校实践记录，为 3 所学校在开展民族团结教育融入学科教育中的具体教案整理，共有 3 本书；三是教学资料汇编，主要从民族习俗、体育、歌曲、舞蹈、服饰、工艺、儿歌等方面整理了教学辅助资料，共有 8 本书。

　　本套丛书主要发动了北京市民族团结教育示范学校的广大师生进行编写，着重教学实践过程中经验的综合与总结。比如，北京市回民中学编写的《民族体育教育读本》，就是回民中学体育老师多年来在教学实践中进行民族团结教育，并将其实践进行经验总结而汇编成的一本书。又如，《民族工艺教育读本》是民族工艺教师和专家共同搜集整理而成，其中一些是一线教师在课堂上多次授课的教案。这从实践的角度保证了丛书的实用性。在编写之初，编写人员搜集相关资料时发现，关于民族团结教育的理论性图书较多，但在实践方面，很少有图书讨论或者记录学校开展民族团结教育的情况。所以本套丛书在体现民族团结精神的基础上，更是填补了民族团结教育实践资料的空白。

　　本套丛书编写的重点和难点都在于小学、初中、高中的"民族团结融入学科教育读本"。之所以为编写的重点，是因为这 3 本图书很好地展示了参与编写的 3 所学校如何在实践中落实民族团结融入学科教育。我们从《民族教育政策法规选编》中可以发现，国家和北京市的相关政策文件多次提出，学校要在学科教学中落实民族团结教育。但如何落实呢？有很多学校对此不知道如何着手，也有很多学校在这方面做出了有益的实践，而这 3 所学校把这些实践做了记录和整理。一者，可以启发更多的学校参与落实民族团结融入学科教育；再者，可以将这些记录汇编整理成书，供老师、学生们参考和使用，并听取使用者的批评和建议。

　　之所以为编写工作中的难点，是因为我们为了尽快将这些记录展示给老师学生和专家们，在较短的时间内组织了编写。由于编写的时间紧、任务重，接受任务的老师们在完成沉重的教学任务之外，付出了很多努力，但在知识的准确性、教案挖掘的深度、编写体例的统一等方面，还存在着一些问题，我们在编写、编辑过程中尽了最大努力加以克服。虽然经过教师认真编写，编辑认真勘对，同时北京民族教育协会还专门聘请专家进行了审读，但由于知识点太散杂，错讹在所难免，有的教案挖掘深度也不够，敬请大家谅解，也希望广大老师、学生和专家提出宝贵建议和意见，以便在今后修订时加以完善，促进各学校更加扎实地开展民族团结融入学科教育。

　　　　　　　　　　　　　　　　　　　　　　《北京民族教育丛书》编委会
　　　　　　　　　　　　　　　　　　　　　　2012 年 8 月 31 日

前　言

中共中央宣传部及国家教育部、国家民委《关于在学校开展民族团结教育活动的通知》指出：要着眼长远，进一步加强学校民族团结教育工作。充分发挥课堂教学的主渠道作用，扎实推进民族团结教育进教材、进课堂、进学生头脑。为了贯彻中央和国家的要求，在北京市民族教育学会等单位的大力支持下，北京市东城区回民小学的教师们编写了本书，针对如何在课堂教学中更好地开展民族团结教育，帮助广大教师了解在义务教育课程标准实验教科书和北京市义务教育课程改革实验教材各学科、各册的教材中，哪些部分可以融入民族团结教育。为了方便教师使用，全书共涉及8个学科，分8篇，与各学科、各册的义务教育课程标准实验教科书和北京市义务教育课程改革实验教材配合使用。

本书的主要内容为：义务教育课程标准实验教科书和北京市义务教育课程改革实验教材8个学科各册可进行民族团结教育的课程、进行民族团结教育的切入点、教学目的、教学建议、教学资源，帮助教师对所教学科中可进行民族教育的内容有概括了解，供教师在备课时进行参考。

在本书编写的过程中，借鉴了一些教师教学用书和教学参考用书的编写经验，注意做到以下几个方面：

1. 本书与义务教育课程标准实验教科书和北京市义务教育课程改革实验教材密切配合，按照学科及年级，对各学科、各册可进行民族教育的课程、教学目的进行概述，方便教师查找。另外，着重在融入建议部分详细编写，以利于教师备课时查阅。

2. 本书以现行的现代教育教学理论为指导，注意结合教科书中的知识点来进行民族团结教育，并力求提供一些切实可行的教学方法、教学途径，以此启发学生的思考，提升学生的民族自豪感。

3. 本书为教师提供了较为全面的教学建议及丰富多样的教学资源，教师可以针对实际教学情况选择其中的部分建议进行备课，精选学习资源，以利于学生的学习。

4. 使用本书时，教师应根据自身特点和教学风格以及学生的实际情况，既可以有选择地、灵活地使用书中的内容，也应充分发挥主动性、积极性，按照对学生进行民族教育的有关要求，改革教育、教学方法，提高教育、教学质量。

5. 本书中有些教学方法主要针对我校特有的教育、教学资源，现与广大教师共同分享，敬请参考使用时注意。

6. 因存在不同课程涉及同一少数民族的情况，在教学资源的文字参考资料部分会出现对某一民族的重复介绍。在编写过程中，我们尽量做到各有侧重。

为编好本书，编者做了大量的工作，付出了很大的努力，但是限于时间和水平，难免有不妥之处，希望广大教师提出批评和改进意见。

（教师）
笔记

目 录

语 文 篇

一年级上册 ·· （3）
　认识 b p m f ··· （3）
　认识 zh ch sh r ·· （4）
一年级下册 ·· （7）
　看电视 ·· （7）
　画家乡 ·· （8）
　快乐的节日 ·· （10）
二年级上册 ·· （12）
　识字 3 ·· （12）
　日记两则 ·· （14）
二年级下册 ·· （16）
　葡萄沟 ·· （16）
　难忘的泼水节 ·· （17）
三年级上册 ·· （19）
　我们的民族小学 ·· （19）
三年级下册 ·· （21）
　古诗两首 ·· （21）
四年级上册 ·· （25）
　跨越海峡的生命桥 ·· （25）
四年级下册 ·· （27）
　黄河是怎样变化的 ·· （27）
五年级上册 ·· （29）

梅花魂 ……………………………………（29）

圆明园的毁灭 ………………………………（30）

开国大典 ……………………………………（31）

五年级下册 ……………………………………（33）

草　原 ………………………………………（33）

白　杨 ………………………………………（34）

把铁路修到拉萨去 …………………………（36）

六年级上册 ……………………………………（39）

口语交际·习作八 …………………………（39）

六年级下册 ……………………………………（42）

藏　戏 ………………………………………（42）

和田的维吾尔 ………………………………（43）

数 学 篇

一年级下册 ……………………………………（49）

认识人民币 …………………………………（49）

二年级上册 ……………………………………（54）

9 的乘法口诀 ………………………………（54）

二年级下册 ……………………………………（56）

锐角和钝角 …………………………………（56）

1000 以内数的认识 …………………………（57）

四年级上册 ……………………………………（60）

大数的认识（上） …………………………（60）

大数的认识（下） …………………………（62）

五年级上册 ……………………………………（65）

简易方程 ……………………………………（65）

五年级下册 ……………………………………（66）

分数的基本性质 ……………………………（66）

六年级上册 ……………………………………（68）

位　置 ………………………………………（68）

圆面积练习课 ………………………………（69）

百分数的认识 ………………………………（70）

六年级下册 ……………………………………（72）

认识圆柱 ……………………………………（72）

第二单元复习与整理 ……………………………………（73）

英 语 篇

三年级下册 ……………………………………………（77）

Unit 4　Do you like candy? ………………………（77）

四年级上册 ……………………………………………（80）

Unit 1　Look at those jeans. ……………………（80）

（教师）
笔记

音 乐 篇

一年级上册 ……………………………………………（85）

彝家娃娃真幸福 ……………………………………（85）

二年级上册 ……………………………………………（88）

快乐的游戏 …………………………………………（88）

三年级上册 ……………………………………………（91）

在祖国怀抱里 ………………………………………（91）

四年级上册 ……………………………………………（94）

快乐的泼水节 ………………………………………（94）

那达慕之歌 …………………………………………（96）

塔吉克的节日 ………………………………………（99）

五年级上册 ……………………………………………（101）

拉萨谣 ………………………………………………（101）

美 术 篇

二年级上册 ……………………………………………（105）

花衣服 ………………………………………………（105）

二年级下册 ……………………………………………（108）

设计小帽子 …………………………………………（108）

三年级上册 ……………………………………………（110）

美丽的染纸 …………………………………………（110）

三年级下册 ……………………………………………（112）

画民间玩具 …………………………………………（112）

四年级下册 ……………………………………………（114）

刻　纸……………………………………………………（114）

各式各样的建筑……………………………………………（116）

六年级下册………………………………………………………（118）

给母校的留影………………………………………………（118）

品德与生活篇

二年级上册………………………………………………………（123）

祖国在我心中………………………………………………（123）

好玩的玩具…………………………………………………（126）

二年级下册………………………………………………………（129）

亲近大自然…………………………………………………（129）

感受丰富多彩的生活——北京特色食品…………………（130）

三年级上册………………………………………………………（133）

我们都是好邻居……………………………………………（133）

我为学校自豪………………………………………………（135）

三年级下册………………………………………………………（136）

大家庭中你我他……………………………………………（136）

伸出温暖的手………………………………………………（142）

四年级上册………………………………………………………（148）

通信沟通你我他……………………………………………（148）

科　学　篇

三年级上册………………………………………………………（153）

动物世界……………………………………………………（153）

饲养的动物…………………………………………………（155）

三年级下册………………………………………………………（157）

铁、铜、铝……………………………………………………（157）

石油和天然气………………………………………………（159）

四年级上册………………………………………………………（162）

各种各样的叶………………………………………………（162）

声音的产生…………………………………………………（163）

四年级下册………………………………………………………（166）

爱护地球家园………………………………………………（166）

（教师）笔记

五年级上册···（168）

纺织面料···（168）

劳 技 篇

三年级下册···（173）

刻 纸···（173）

立体房屋···（174）

四年级上册···（176）

照片架···（176）

四年级下册···（178）

纸娃娃···（178）

五年级下册···（180）

菜刀的使用方法和技术·····························（180）

（教师）
笔记

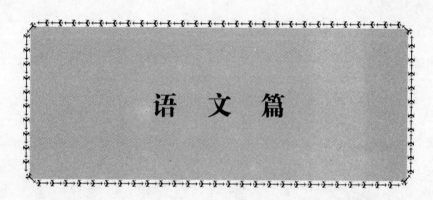

语 文 篇

一年级上册

认识 b p m f

一、可进行民族团结教育的课程

义务教育课程标准实验教科书《语文》一年级上册汉语拼音部分"认识 b p m f"。

二、进行民族团结教育的切入点

1. 通过看图片、教师讲解，了解一些有关傣族的民族知识。
2. 通过讲解，知道傣族是我们 56 个民族中的一个。

三、教学目标

1. 知道傣族是我国 56 个民族中的一个，过泼水节。
2. 了解一些有关傣族的基本知识，培养热爱民族大家庭的意识。

四、教学建议

由于学生刚入学，让学生对此民族有粗略的了解即可。

指读声母 p 和韵母 o 后试拼音节 po，告诉学生读"泼水节"的"泼"音。问：你们知道我们国家主要有哪个民族过泼水节吗？教师边出示图片边讲解。

五、教学资源

文字参考资料

过傣历新年时，云南各地的傣族都以"泼水节"的形式来庆祝，所以傣历新年又称"泼水节"。泼水节是云南少数民族数百种节日中，影响最广、规模最大、参加人数最多的节日之一。西双版纳是傣族聚居区，全州各地都有"泼水节"，其中景洪市每年举办的"泼水节"规模最大，盛况空前。

"泼水节"一般从傣历新年的第三天（约在公历 4 月中旬）开始。这一天，彬彬有礼的傣家儿女取来清洁的水，用树枝蘸取，互相泼洒，以示洗去一年的尘垢，祝福对方在新的一年里清洁平安。现在的"泼水节"已演化成群众性的狂欢活动，"水花放，傣家狂"，人们提桶端盆取来水，见面就迎头盖脸地泼下，一朵朵水花在空中盛开，象征着吉祥、幸福、健康。街市里、广场上到处可见人们在相互追逐泼浇，到处是水的洗礼，水的祝福，水的欢唱，"泼水节"成了一个欢乐的海洋。

景洪市的泼水节期间，还举行极富民族特色的斗鸡、跳孔雀舞、傣族青年男女掷彩绣荷包、放高升、在澜沧江进行划龙舟比赛、放孔明灯等娱乐活动。届时人山人海，热闹非凡。

认识 zh ch sh r

一、可进行民族团结教育的课程

义务教育课程标准实验教科书《语文》一年级上册汉语拼音部分"认识 zh ch sh r"。

二、进行民族团结教育的切入点

1. 通过看图片、教师讲解，了解一些有关高山族的民族知识。
2. 通过讲解，知道高山族是我国 56 个民族中的一个。

三、教学目标

1. 知道台湾有高山族。
2. 对高山族有粗略了解，培养热爱民族大家庭的意识。

四、教学建议

由于学生刚入学，让学生对此民族有粗略的了解即可。

读完小诗歌《欢迎台湾小朋友》后问：你们知道台湾生活着我国哪个少数民族吗？然后边出示图片边讲解有关高山族的知识，让学生知道高山族是我国56个民族中的一个，各民族组成了中华民族大家庭，彼此之间要团结友爱。

五、教学资源

文字参考资料

祖国宝岛台湾，林苍土沃，物产丰饶。作为中华民族大家庭的成员，高山族世代生息于此，在台湾大部分地区都有分布。高山族现有人口约40万，绝大部分居住在台湾。

高山族有自己的语言，属南岛语系印度尼西亚语族，没有文字，通用汉文。

高山族崇拜祖先，信仰万物有灵。基督教传入后，一部分高山族人信奉基督教。

高山族历史悠久，早在旧石器时代晚期，台湾就有"左镇人"和"东滨文化"。考古学家在台湾先后发现了旧石器时代晚期及新石器时代的"大奋坑文化"、"圆山文化"、"卑南文化"的遗迹。这些文化与内地东南沿海特别是福建省新石器时代文化的内涵和特点极为相似，说明高山族可能主要是来自大陆沿海一带古越人的一支，融合岛上的居民后形成的。

高山族的传统食物比较简单，以稻米、粟米和甘薯为主食，烤鹿肉和酸鹿肉是高山族的风味食品。高山族常用的传统衣料是用苎麻自织的"番布"。喜欢用鸡尾、鸟羽做头饰。成年男子喜欢穿鲜艳的腰裙，女子穿长裙。他们至今还保留着文身的习俗，但文身的图案越来越小，位置越来越隐蔽。

高山族的传统房屋一般用竹子做围墙，用木头做立柱与横梁，以茅草盖顶。他们喜欢一个宗支同住一处，每个村庄都建有未婚男子的集体宿舍——公廨。未婚男子在公廨接受生活、生理、道德方面的教育，婚后才可离开。公廨建在村寨中央，公廨广场是村里人的活动中心。

高山族是一个能歌善舞的民族，其杵舞和长发舞都具有很高的

（教师）笔记

（教师）笔记

艺术水平。杵舞源于春谷劳动，参加者环绕木臼，边唱边杵击臼而舞。长发舞一般在月光下进行，跳到高潮时舞者弯腰以发触地，舞姿优美，气氛热烈。

高山族的节日往往与农事活动有关，比如播种节和丰收节，内容是祭祖、举行农耕仪式、会餐、歌舞娱乐等。

参考网址

http：//baike. baidu. com/view/4280. htm（高山族）

http：//www. gov. cn/test/2006 – 04/14/content _ 254240. htm（高山族）

http：//www. china. com. cn/aboutchina/zhuanti/gxz09/node _ 7059330. htm（高山族）

一年级下册

看电视

一、可进行民族团结教育的课程

义务教育课程标准实验教科书《语文》一年级下册第二单元第五课《看电视》。

二、进行民族团结教育的切入点

1. 通过图片了解京剧中不同脸谱的象征含义。
2. 欣赏京剧《穆桂英挂帅》片段，初步认识京剧的演唱形式。

三、教学目标

1. 使学生认识民族传统文化京剧，知道京剧是我们的国粹。
2. 初步了解京剧的脸谱和唱腔，培养对京剧的兴趣。

四、教学建议

1. 简介京剧。京剧积淀了中华民族的审美习惯和文化传统，是我国的国粹。京剧艺术生动地体现了中国人含蓄、稳健、典雅的精神品格。京津一带，仍有很多家庭喜欢京剧，并把这种传统传承下去。

2. 出示图片介绍京剧脸谱。中国传统戏剧里男演员脸部的彩色化妆就是脸谱，主要用于净（花脸）和丑（小丑）。这个角色是英雄还是坏人，聪明还是愚蠢，受人爱戴还是使人厌恶，内行的观众一看脸谱就知道了。

（教师）
笔记

3. 一起欣赏京剧的唱段（播放京剧《穆桂英挂帅》片段给学生欣赏）。

4. 学生讨论京剧演唱留下的印象。

预设答案：听不懂，咿咿呀呀的；不太喜欢，一个音唱半天；京剧唱腔绵长，节奏较慢，慢慢欣赏也很有韵味。

五、教学资源

文字参考资料

京剧是我国的国粹，积淀了民族审美习惯和文化传统，中国人含蓄、稳健、典雅的精神品格在京剧艺术里有着集中生动的体现。

文化只有民族的才是世界的。京剧是中国独有的艺术，也是世界的艺术瑰宝。梅兰芳先生为了让世界认识京剧，早在 20 世纪 30 年代就把京剧推广到国外。以梅兰芳为代表的京剧表演艺术，也成为世界三大表演体系之一。现在很多京剧名家也在维也纳金色大厅演出过京剧。在建设中国特色精神文明的今天，我们绝不可能丢弃京剧艺术。

中国京剧脸谱艺术在国内外流行的范围相当广泛，被公认为是中华民族传统文化的标志之一，深受广大戏曲爱好者的喜爱。

参考网址

http：//baike. baidu. com/view/1601082. htm（京剧艺术）

http：//baike. baidu. com/view/60785. htm（脸谱）

画家乡

一、可进行民族团结教育的课程

义务教育课程标准实验教科书《语文》一年级下册第六单元第二十四课《画家乡》。

二、进行民族团结教育的切入点

1. 初步了解蒙古族。

2. 通过少数民族同学的自我介绍，了解这些民族的风俗习惯。

三、教学目标

1. 初步了解一些民族的风俗习惯。

2. 认识我国是一个多民族的国家，各族人民平等、团结、和谐地生活在一起。

四、教学建议

1. 观察书上的图片，提问：你知道青青生活在哪里吗？猜猜她是哪个民族的小朋友？（青青生活在内蒙古，她是蒙古族小朋友）

2. 简介蒙古族。蒙古族主要居住在内蒙古自治区、东北三省及甘肃、青海、新疆等地，他们能歌善舞，喜爱摔跤、赛马等体育项目。蒙古族人性格豪放、开朗、热情好客，待人诚恳。

3. 拓展练习。说说你是哪个民族的，你的家乡在哪里。先画自己的家乡，再仿照课文内容介绍自己的家乡（可画家乡独特的风景、传统节日场面等，并请班里的汉族、壮族、回族同学和大家一起交流）。

五、教学资源

文字参考资料

蒙古族是我国少数民族中人口较多的民族之一，主要分布在内蒙古自治区、东北三省及甘肃、青海、新疆等地。蒙古族多信仰藏传佛教，主要从事畜牧业，也从事半农半牧业和农业。

蒙古族有自己的文字，蒙古语属阿尔泰语系蒙古语族。

蒙古族能歌善舞，喜爱摔跤、赛马等民族体育项目。由于生活在大草原上，他们形成了豪放、粗犷、开朗的性格，热情好客，待人诚恳。

壮族是我国少数民族中人口最多的一个民族，主要聚居于广西壮族自治区、云南省文山壮族苗族自治州，还有一少部分分布在广东、湖南、贵州、四川等省。壮族有自己的语言，分南、北两个方言。1955 年创制了以拉丁字母为基础的壮文，但壮族多使用汉文。

青山绿水之间的一栋栋干栏式木楼，就是壮族人的传统民居，上面住人，下面圈牲畜，神龛放在整个房子的中轴线上。前厅举行庆典和社交活动，两边厢房住人，后厅为生活区。

壮族地区素有"歌海"之称，被誉为"歌仙"的刘三姐，就

（教师）
笔记

（教师）笔记

是壮族民间歌手的典型代表。

壮族地区处处是奇峰秀水，桂林以"山水甲天下"而闻名。

回族是我国少数民族中人口较多的民族之一，主要分布于宁夏回族自治区，在甘肃、新疆、青海、河北以及河南、云南、山东也有不少聚居区。回族通用汉语言，在日常交往及宗教活动中，回族保留了大量阿拉伯语和波斯语的词汇。回族有小集中、大分散的居住特点。

参考网址

http：//baike. baidu. com/view/2699. htm（回族）

快乐的节日

一、可进行民族团结教育的课程

义务教育课程标准实验教科书《语文》一年级下册第六单元第二十五课《快乐的节日》。

二、进行民族团结教育的切入点

通过同学相互之间的交流，了解各民族的传统节日。

三、教学目标

1. 认识一些民族节日。
2. 通过介绍宣传，使学生懂得应尊重各少数民族的风俗习惯。
3. 向学生宣传少数民族的节日文化，培养热爱民族大家庭的意识。

四、教学建议

揭示课题时，请学生读读课题，想一想，有哪些节日让你感到快乐？为什么？并请学生介绍一下少数民族的传统节日，如回族的开斋节、壮族的歌婆节等，说清楚这些民族节日的名称，大家是怎样庆祝的。

五、教学资源

文字参考资料

回族的主要节日有开斋节、古尔邦节、圣纪节。

壮族的节日主要有吃立节、歌婆节（三月三）等。

满族受汉文化的影响，节日与汉族相近，重视过农历新年，正月十五过灯节，正月二十五过"添仓节"。

（教师）
笔记

二年级上册

识字3

一、可进行民族团结教育的课程

义务教育课程标准实验教科书《语文》二年级上册第三单元"识字3"。

二、进行民族团结教育的切入点

1. 在教学句子"各民族，齐奋发，争朝夕，兴中华"时，可通过提问"你们知道我们国家有哪些民族"，让学生了解有关少数民族名称的基础知识。

2. 在课后练习中，让学生了解一些有关藏族、蒙古族、高山族、维吾尔族等少数民族服饰、节日、风俗习惯等方面的知识。

三、教学目标

1. 以"民族"这个词为出发点，使学生知道我国是一个多民族的国家。

2. 依托课后练习题"读读认认"，帮助学生了解一些藏族、蒙古族、高山族、维吾尔族等少数民族服饰、节日、风俗习惯等方面的知识。

3. 感受各族人民正在齐心协力，奋发向上，为振兴中华而努力。

四、教学建议

在理解和感悟课文第四句中的"各民族"时，教师问：你们知道我们国家有多少个民族吗？你们知道有哪些少数民族呀？让学生说说自己知道的少数民族。

在处理课后练习题"读读认认"时，通过图片，让学生直观了解藏族、蒙古族、高山族、维吾尔族的服饰，教师此时可补充这四个少数民族的节日和风俗习惯方面的知识。

五、教学资源

文字参考资料

藏族人民主要居住在有"世界屋脊"之称的青藏高原，那里美丽神奇。藏族人民热情开朗、豪爽奔放。藏历新年是藏族最隆重的民族节日，就像汉族的春节一样。每当节日到来，藏族人民就会用载歌载舞、演藏戏、举行跑马射箭比赛等形式来庆祝。

蒙古族善于歌舞，每逢喜庆大典，蒙古族人大多喜欢穿民族服装——蒙古袍，以增添节日气氛。除夕那天，家家都吃手把肉，也要包饺子、烙饼；初一的早晨，晚辈要向长辈敬"辞岁酒"。

高山族主要居住在我国的台湾地区。居住在北部的男子常穿无袖胴衣、披衣、胸衣、腰带；中部常见鹿皮背心、胸袋、腰袋、胸衣、黑布裙；南部常见对襟长袖上衣、腰裙、套裤、黑头巾等。女子衣饰类型包括短衣长裙和长衣短裳等。

在我国西北边陲新疆，有一座白雪皑皑的天山，天山脚下聚居着一个能歌善舞的民族——维吾尔族。维吾尔族信奉伊斯兰教。花帽是维吾尔族服饰的重要组成部分。肉孜节、古尔邦节是维吾尔族的主要传统节日。维吾尔族十分重视传统节日，尤其以过古尔邦节最为隆重。届时家家户户都要宰羊、煮肉，制作各种糕点等。

参考文献

白歌乐、王路、吴金著：《蒙古族》，民族出版社 1991 年出版。
颜其香主编：《中国少数民族风土漫记》，农村读物出版社 2001 年出版。

（教师）笔记

（教师）
笔记

参考网址

http：//baike. baidu. com/view/2700. htm（藏族）

http：//baike. baidu. com/view/2675. htm？ func = retitle（蒙古族）

http：//baike. baidu. com/view/4280. htm（高山族）

http：//baike. baidu. com/view/2705. htm（维吾尔族）

http：//www. qingzanggaoyuan. cn/d/2007 – 10 –31/0710316284753. htm（藏族服饰）

http：//info. cloth. hc360. com/2005/08/24174329832. shtml（高山族服饰）

日记两则

一、可进行民族团结教育的课程

义务教育课程标准实验教科书《语文》二年级上册第六单元第二十四课《日记两则》。

二、进行民族团结教育的切入点

在讲授第二则日记第二自然段第一句话"阿英是个苗家小姑娘，家住贵州山区"时，让学生了解一些有关苗族服饰、节日、风俗习惯等方面的知识。

三、教学目标

1. 依托课文中的句子，使学生了解一些有关苗族的知识，如主要聚居地及风土人情，并且知道贵州省分布了40多个少数民族。

2. 通过"我"家对阿英的帮助，感受不同民族之间的团结互助，增强热爱民族大家庭的意识。

四、教学建议

在教学第二则日记第二自然段第一句话"阿英是个苗家小姑娘，家住贵州山区"时，教师出示中国地图并圈出贵州省的位置，告诉学生，在贵州居住着40多个少数民族，苗族是其中人口最多的。同时出示苗族人物图片，让学生直观了解苗族的服饰，同时讲解苗族的节日、风俗习惯等方面的知识。

五、教学资源

文字参考资料

苗族姑娘喜欢戴银饰，头上戴精美的银花冠，脖子上戴银项圈，前胸戴银锁和银压领，胸前、背后戴银披风，下垂许多小银铃，耳环、手镯也都是银制品。两只衣袖上有以火红色为主基调的刺绣，但袖口还镶嵌着一圈较宽的银饰。苗家姑娘盛装的服饰常常有数公斤重，有的是几代人积累传承下来的。苗族姑娘素有"花衣银装赛天仙"的美称。

参考网站

http：//gzmzwhw.cn/（贵州民族文化网）
http：//www.3miao.net/（三苗网）

（教师）笔记

二年级下册

葡萄沟

一、可进行民族团结教育的课程

义务教育课程标准实验教科书《语文》二年级下册第三单元第十课《葡萄沟》。

二、进行民族团结教育的切入点

让学生了解一些有关维吾尔族的民族知识。

三、教学目标

1. 培养学生对新疆葡萄沟的向往之情和对维吾尔族人民的喜爱之情。

2. 了解一些有关维吾尔族的民族知识，增强热爱民族大家庭的意识。

四、教学建议

1. 在讲授第一自然段第一句话"新疆吐鲁番有个地方叫葡萄沟"这句话时，出示中国地图，让学生了解新疆维吾尔自治区及吐鲁番的地理位置。并介绍"维吾尔"是维吾尔族的自称，意为"团结"或"联合"。维吾尔族主要聚居在新疆维吾尔自治区。维吾尔族的传统节日主要有肉孜节、古尔邦节。

2. 在讲授"要是这时候你到葡萄沟去，热情好客的维吾尔族老乡，准会摘下最甜的葡萄，让你吃个够"时，通过体会"准会"、"最甜"、"吃个够"等词语,体会维吾尔族人民勤劳、友善的优秀品质。

五、教学资源

参考文献

任一飞、雅森·吾守尔著:《维吾尔族》,民族出版社 1997 年出版。

难忘的泼水节

一、可进行民族团结教育的课程

义务教育课程标准实验教科书《语文》二年级上册第三单元第十一课《难忘的泼水节》。

二、进行民族团结教育的切入点

让学生了解一些有关傣族服装、民居、节日方面的知识。

三、教学目标

1. 让学生了解一些有关傣族的民族知识。

2. 让学生懂得"民族团结一家亲"的道理,增强热爱民族大家庭的意识。

四、教学建议

1. 在讲授本课前,让学生收集有关傣族服装、民居、节日等方面的知识。在讲到总理和傣族人民互相泼水祝福时,让学生介绍自己收集到的有关知识。

2. 在学习课文内容时,通过有感情的朗读及对文义的体会,懂得"民族团结一家亲"的道理。

(1)通过品读周总理的穿着,让学生感受总理对少数民族的尊重。

(2)通过品读体会傣族人民热情迎接周总理的到来及向总理身上泼水祝福,感受傣族人民对总理的热爱。

(教师)
笔记

**（教师）
笔记**

五、教学资源

文字参考资料

泼水节是傣族最隆重的节日，泼水节是傣历的新年，相当于公历的 4 月中旬，节日一般持续 3～7 天。泼水节期间还要进行划龙舟比赛。届时，在澜沧江上，一组组披红挂绿的龙舟在"噔噔噔"的锣声中和"嗨嗨嗨"的呼喊和哨子声中，劈波斩浪，奋勇向前，把成千上万的中外游客吸引到澜沧江边，为节日增添了许多紧张和欢乐的气氛。

（教师）
笔记

三年级上册

我们的民族小学

一、可进行民族团结教育的课程

义务教育课程标准实验教科书《语文》三年级上册第一单元第一课《我们的民族小学》。

二、进行民族团结教育的切入点

1. 学习第一自然段时，重点了解傣族、阿昌族、德昂族、汉族的民族服饰特点。

2. 理解第三自然段第一句"上课了，不同民族的小学生，在同一间教室里学习"所体现的和谐团结的气氛。

3. 学习第三自然段时，知道孔雀舞是傣族的民族舞蹈，摔跤是蒙古族人们喜爱的体育活动。

4. 有感情地朗读第四自然段，体会民族自豪之情。

三、教学目标

1. 了解民族小学学生幸福的学习生活，体会课文表达的自豪和赞美之情，增强热爱民族大家庭的意识。

2. 通过对课文第一自然段的学习，重点要学生了解傣族、景颇族、阿昌族、德昂族服饰的特点，对这几个少数民族有初步的认识。

3. 通过第三自然段第一句，体会不同民族平等团结地生活在一起。

（教师）
笔记

4. 通过对傣族孔雀舞和蒙古族摔跤的了解，知道各民族都有自己的特色活动。

5. 有感情地朗读第四自然段，体会各族人民生活在祖国大家庭中的自豪之情。

四、教学建议

1. 在第一自然段的教学中，利用学生收集到的资料，开展民族风情展示，使学生更多地了解我国 56 个民族的知识。教师提示学生着重介绍少数民族的服饰特征、生活习俗。教师利用课后资料袋中的图片，补充介绍课文中涉及的傣族、景颇族、阿昌族、德昂族等少数民族的情况。

2. 教师配乐范读。选择具有云贵民族风情的乐曲，如《小河淌水》、《蝴蝶泉边》、《有一个美丽的地方》等配乐。

3. 播放相关民族的舞蹈视频，了解各民族的特点。

4. 在讲解最后一个自然段时，让学生思考作者是怀着什么样的感情来写这篇文章的，你是从哪些语句中体会到的，以此来体会作者的自豪和赞美之情。

五、教学资源

文字参考资料

傣族主要分布在云南德宏傣族景颇族自治州、西双版纳傣族自治州及耿马、孟连、新坪、沅江等地的河谷坪坝地区，小部分散居在景谷、景东、金平等地和金沙江流域一带。语言属汉藏语系壮侗语族壮傣语支，有文字。信仰南传上座部佛教。

景颇族主要分布在云南德宏地区。语言属汉藏语系藏缅语族景颇语支和缅语支。1898 年曾取得反对英帝国主义侵略军入侵陇川的胜利。新中国成立后，与傣族联合建立了德宏傣族景颇族自治州。

阿昌族主要分布在云南陇川、梁河等县。语言属汉藏语系藏缅语族缅语支。信仰南传上座部佛教。

德昂族主要分布在云南潞西、镇康等地。语言属南亚语系孟—高棉语族佤德昂语支。信仰南传上座部佛教。

三年级下册

古诗两首

一、可进行民族团结教育的课程

义务教育课程标准实验教科书《语文》三年级下册第八单元第二十九《古诗两首》。

二、进行民族团结教育的切入点

1. 学习第一首诗《乞巧》时，了解一些有关汉族节日的知识。

2. 了解一些我国重要节日的民俗文化。

三、教学目标

1. 通过对课文第一首诗的学习，重点要学生了解一些我国的民族节日和相关的民族文化。

2. 通过学习了解我国的民族节日，传承我们的民族文化和民族精神，增强热爱民族大家庭的意识。

四、教学建议

1. 学习第一首古诗时，介绍农历七月初七的夜晚俗称"七夕"，又称"女儿节"、"少女节"，是传说中隔着"天河"的牛郎和织女在鹊桥上相会的日子。同时提问：过去，七夕的民间活动主要是什么？

2. 介绍什么叫"乞巧"。所谓乞巧，就是向织女乞求一双巧手的意思。乞巧最普遍的活动是对月穿针，如果线从针孔穿过，就叫

"得巧"。

3. 在理解诗意的基础上拓展阅读，了解我国的民族传统节日。

五、教学资源

文字参考资料

我国一些少数民族的主要传统节日

彝族：火把节、彝族节

白族：三月街、绕三灵、耍海会

壮族：吃立节、歌婆节（三月三）

傣族：泼水节、关门节和开门节

蒙古族：白节、那达慕

满族：灯节、添仓节、颁金节

回族：开斋节、古尔邦节、圣纪节

　　彝族火把节是彝族最隆重、最盛大的节日，多在农历六月二十四日举行，节期3天。火把节的由来虽有多种说法，但其本源当与火的自然崇拜有最直接的关系，它的目的是期望用火驱虫除害，保护庄稼生长。白、纳西、基诺、拉祜等族也过这一节日。火把节的主要活动在夜晚，人们或点燃火把照天祈年，除秽求吉；或烧起篝火，举行盛大的歌舞娱乐活动。节日期间，还有赛马、斗牛、射箭、摔跤、拔河、荡秋千等娱乐活动，并开设贸易集市。彝族年，彝语称为"库斯"，意思是新年，是彝族传统的祭祀兼庆贺性节日。时间在农历十月，正是庄稼收割完毕的季节。彝族年为期3天，届时要举行各种庆祝活动。

　　"三月街"是白族盛大的节日，节日时间为每年农历三月十五日至二十日。古代亦称"观音市"或"观音会"，据载已有一千多年的历史，举行地点在大理城西苍山中和峰脚下。节日内容原是佛教庙会，举办隆重的讲经拜佛活动。近年来，已逐渐演变成物资交流会。每到会期，各族人民云集这里进行贸易，举行赛马、射箭、歌舞等活动。"绕三灵"每年农历四月二十三日至二十五日举行。届时白族群众朝拜金龟寺、圣源寺、崇圣寺，同时在寺庙前的草地上通宵尽情歌舞。云南洱海沿岸的白族人民，每年农历六月二十四日还要举办一次传统的耍海盛会。在耍海的日子里，洱海里白帆点点，岸上人山人海，举行一年一度的"赛龙舟"活动。

吃立节亦称"大节"，是壮族民间传统节日。每年农历正月三十举行"吃立"（壮语音译，"吃立"壮语意为"欢庆"或"补过春节"）。相传在1894年春节即将来临之际，法国侵略者进犯边疆，为打击侵略者，当地青壮年纷纷拿起武器，保卫家园，所以未能按时过春节。正月三十日，出征的将士凯旋归来，乡亲们杀鸡宰羊，做糯米糍粑，盛情款待，欢庆胜利，补过春节，并相沿成俗。节日期间，人们舞狮子、耍龙灯，唱歌跳舞，热闹非凡。歌婆节又叫"三月三"、"歌圩节"，是壮族地区盛大的传统文娱活动节日，一般在农历正月十五日、三月初三、四月初八和五月二十日等时间举行。"歌圩"又分日歌圩和夜歌圩。日歌圩在野外，以歌择配为主要内容；夜歌圩在村子里，主要唱生产歌、季节歌、盘歌和历史歌。壮歌人民善于触景生情、托物喻志的手法，所唱山歌充满浓郁的诗情画意。内容涉及劳动、爱情、叙史、述事和诉苦等多方面。"歌圩节"已经成为广西壮族自治区十分具有民族特色的传统节日。

傣族泼水节又名"浴佛节"，阿昌、德昂、布朗、佤等族过这一节日。柬埔寨、泰国、缅甸、老挝等国也过泼水节。"关门节"在傣历的九月十五日，约在公历的7月。"关门"意为繁忙的耕耘农作开始了，请"岩冒"（小伙子）和"布少"（姑娘）们暂时把"爱情之门"关上；请老年、壮年们少走亲串戚，全力投入农耕生产。节期一直到傣历十二月十五日，即农历的冬至日。这一天为"开门节"，表示年轻人可以把暂时关闭的"爱情之门"打开了。

蒙古族的年节亦称"白节"或"白月"，这与奶食的洁白紧密相关，而且"白"在蒙古人心目中具有"开元"之意。蒙古族年节虽然与汉族春节一致，并吸收了一些汉族习俗，如吃五更饺子，放鞭炮等，但也有很多蒙古族传统习俗。在整个白月（正月）里，在草原上常会看到穿着节日盛装的牧民带着酒香和歌声，和着马蹄或汽车摩托车的伴奏，结伴走亲访友的热闹情景。"那达慕"蒙古语意为"游戏"或"娱乐"，原指蒙古族传统的"男子三竞技"——摔跤、赛马和射箭。随着时代的发展，逐渐演变成今天的包括多种文化娱乐内容的盛大庆典活动和物资交流活动。

满族灯节是满族传统岁时节日，每年农历正月十五日晚上举行，流行于东北满族地区。添仓节是古代民间祈年节俗，在农历正月二十五日举行。添仓，是指农家往仓房囤子里增添粮食，寄托人们对来年粮食丰收的良好愿望。各地的过节方法不尽相同。有的地方在添仓节这天象征性地往粮仓里添加粮食；有的地方则在添仓节这一天吃春饼、煎饼和饺子，并把这些食物投入到粮仓，名曰"填仓"、"添仓"。颁金节在农历十月十三日举行，这一天是满族的诞生纪念日、命名纪念日。

开斋节是伊斯兰教节日。在伊斯兰教历十月一日。按伊斯兰教法规定，伊斯兰教历每年九月为斋戒月。凡成年健康的穆斯林都应全月封斋，即每日从拂晓前至日落，禁止饮食和房事等。封斋第29日傍晚如见新月，次日即为开斋节；如不见，则再封一日，共为30日。第二日为开斋节，庆祝一个月的斋功圆满完成。古尔邦节是宗教节日，在伊斯兰教历十二月十日，又叫"宰牲节"，即宰牲献祭的节日。圣纪节是伊斯兰教的重要节日，是纪念伊斯兰教的创始人穆罕默德的诞辰和逝世的纪念日。

四年级上册

跨越海峡的生命桥

一、可进行民族团结教育的课程

义务教育课程标准实验教科书《语文》四年级上册第六单元第二十二课《跨越海峡的生命桥》。

二、进行民族团结教育的切入点

知道高山族主要生活在台湾地区，了解他们的生活习惯。

三、教学目标

1. 体会台湾人民与祖国大陆同胞的手足之情。

2. 了解大陆与台湾的政治关系，体会海峡人民盼团聚的企盼心情。

四、教学建议

在课堂教学过程中，教师结合学生课前查找到的有关台湾的资料，讲解高山族的基本情况。

五、教学资源

文字参考资料

居住在台湾的少数民族——高山族，是我国统一民族大家庭中不可缺少的一员，长期以来，他们和汉族人民一起，把台湾建设成美丽富饶的宝岛，并共同反抗外来侵略和历代封建统治者的压迫，为共同缔造祖国的历史和文化作出了重要贡献。对台湾的少数民族，我国政府以"高山族"为其正式族称，台湾当局则称其为"原住民"。

（教师）
笔记

四年级下册

黄河是怎样变化的

一、可进行民族团结教育的课程

义务教育课程标准实验教科书《语文》四年级下册第三单元第十课《黄河是怎样变化的》。

二、进行民族团结教育的切入点

1. 了解黄河的变化，教师适时引导学生感悟重点语句，并有感情地朗读重点语段，如"人们都说，黄河是中华民族的摇篮"。联系第三自然段，边听范读边想象，感悟"黄河成了中华民族的忧患"，是由于黄河的改变为人类带来灾难。联系第一和第四自然段中的数字，并与"摇篮"（课文中指在数千年到数万年前，黄河流域自然条件优越，适合人类生存）对比，感悟"忧患"的含义。

2. 在学习完课文后，问："同学们，我们明白了'行动起来，拯救黄河'的道理，你准备怎样去响应'保护母亲河行动'呢?"对想捐款的同学，可引导他们把零花钱节约下来并捐献给有关部门。对想向社会、亲友进行宣传的同学，可让他们即兴模拟宣讲，告诉人们要保护大自然，保护环境，否则就会受到大自然的惩罚，如教师扮演家长或社会人士，学生向"家长"或"社会人士"宣讲。通过这个环节，激发学生对中华民族的热爱之情。

三、教学目标

收集有关黄河的资料，激发学生保护母亲河的社会责任感。

四、教学建议

可以让学生适当了解一些跟黄河流域有关的民族知识，比如，过去和现在有哪些民族生活在黄河流域，帮助学生体会"黄河是中华民族的摇篮"这句话。

五、教学资源

文字参考资料

介绍黄河流域社会历史发展的相关资料。

参考图片

介绍黄河流域是中华民族摇篮的相关图片。

五年级上册

梅花魂

一、可进行民族团结教育的课程

义务教育课程标准实验教科书《语文》五年级上册第二单元第六课《梅花魂》。

二、进行民族团结教育的切入点

1. 在学习文章中有关外祖父的几件事情的内容时，让学生思考：作为一个中国人，此时，你有什么感想。

2. 在课文的第一自然段，作者由梅花想到了外祖父；在最后一个自然段，作者又由梅花图想到了外祖父那颗眷恋祖国的心。作为一个华侨，他眷恋祖国，有一颗爱祖国的中国心。通过比较课文的第一自然段和最后一个自然段，让学生理解"外祖父"所代表的正是全体中国人，正是中华民族对祖国的热爱依恋，从而更加热爱自己的祖国。

三、教学目标

1. 让学生体会华侨老人眷恋祖国之心。

2. 让学生体会作为一个中国人的自豪感，培养爱祖国，爱家乡的思想感情。

四、教学建议

建议创设情境，让学生了解祖国光辉灿烂的文化，了解祖国56个民族的相关知识。

（教师）笔记

五、教学资源

文字参考资料

学生收集的一些介绍民族传统文化知识的文字资料。

参考图片

介绍各民族民俗风情的图片。

参考图表

学生分组合作，把收集到的资料分类汇总后做成的图表。

参考网站

http：//jieri．org．cn/（中国节日网）

圆明园的毁灭

一、可进行民族团结教育的课程

义务教育课程标准实验教科书《语文》五年级上册第七单元《圆明园的毁灭》。

二、进行民族团结教育的切入点

学习第五自然段。

三、教学目标

通过对圆明园的毁灭的了解，让学生了解历史，勿忘国耻，弘扬民族精神。

四、教学建议

1. 学习完课文后让学生谈一谈，学习课文后圆明园给你留下的印象（圆明园布局精美独特，景观千姿百态，不愧是园林艺术的瑰宝、建筑艺术的精华），以此增强学生的民族自豪感。

2. 组织学生观看有关圆明园的录像，看后指名提问：你看到了些什么？你有什么感想？激发学生的爱国之情。

五、教学资源

文字参考资料

介绍火烧圆明园的相关文字介绍。

参考图片

有关火烧圆明园的相关图片。

参考图表

简单的火烧圆明园后损失国宝简表。

开国大典

一、可进行民族团结教育的课程

义务教育课程标准实验教科书《语文》五年级上册第八单元第二十六课《开国大典》。

二、进行民族团结教育的切入点

1. "中华人民共和国中央人民政府在今天成立了！"毛主席的这一宣言，震动了全中国，它表明中国人民从此站起来了，让学生从中体会全中国人民无比欢快、无比激动、无比自豪的心情。

2. 让学生为作为一个中国人而骄傲。

三、教学目标

通过阅读课文，使学生了解开国大典的盛况，认识中华人民共和国成立的伟大历史意义，并且感受到我国是一个团结的、和睦的多民族国家，培养民族自豪感。

四、教学建议

在讲授"这庄严的宣告，这雄伟的声音"指的是毛主席的宣布"中华人民共和国中央人民政府在今天成立了！"这段时，让学生分组将课前收集到的各个民族的知识简要地介绍给大家，最后教师出示有关民族大团结的图片。

（教师）笔记

**（教师）
笔记**

五、教学资源

文字参考资料

学生以小组为单位搜集到的各民族的资料。

参考图表

学生分工所做的 56 个民族的相关知识图表。

（教师）
笔记

五年级下册

草 原

一、可进行民族团结教育的课程

义务教育课程标准实验教科书《语文》五年级下册第一单元第一课《草原》。

二、进行民族团结教育的切入点

1. 简介作者老舍，他是满族人，是著名的小说家、戏剧家，被誉为"人民艺术家"。

2. 有感情地朗读课文，体会蒙汉情深、民族团结的思想感情。

三、教学目标

能有感情地朗读课文，体会蒙汉情深、民族团结的思想感情，激发学生热爱草原，热爱草原人民的思想感情，增强热爱民族大家庭的意识。

四、教学建议

本课重在对文本知识的理解体会，让学生深读悟情，感受"人情美"。在这个过程中，适时引入一些民族知识，加深到对祖国多民族文化的了解，从而体会蒙汉情深以及民族团结的思想内涵。

五、教学资源

文字参考资料

蒙古族主要分布在我国的内蒙古自治区，在新疆、青海、甘肃、辽宁、吉林、黑龙江等地也有分布。畜牧业是蒙古族人民长期赖以生存发展的经济基础，此外他们还从事加工业、农业和工业。蒙古族善于歌舞，民歌分长、短调两种。主要乐器是马头琴。喜爱摔跤运动。蒙古包和勒勒车是他们游牧生活的伴侣。

蒙古族长幼有序，敬老爱幼。他们性情直爽、热情好客。客来敬茶、斟酒敬客，是他们待客的传统礼仪，表达了草原牧人对客人的敬重和爱戴。

哈达是蒙古族日常行礼中不可缺少的物品。献哈达是蒙古族牧民迎送客人和日常交往中使用的礼节。献哈达时，主人张开双手捧着哈达，吟唱吉祥如意的祝词或赞词，渲染敬重的气氛，同时将哈达的折叠口向着接受哈达的宾客。宾客要站起身面向献哈达者，认真聆听祝词和接受敬酒。接受哈达时，宾客应微向前躬身，献哈达者将哈达挂于宾客颈上。宾客应双手合掌于胸前，向献哈达者表示谢意。

蒙古族传统服饰具有浓郁的草原风格，不论男女都爱穿长袍。牧区冬装多为光板皮衣，也有绸缎、棉布衣面者；夏装多布类。长袍肥大、袖长，多红、黄、深蓝色。男女长袍下摆均不开衩。以红、绿绸缎做腰带。

参考网址

http://baike.baidu.com/view/2675.htm（蒙古族）

白 杨

一、可进行民族团结教育的课程

义务教育课程标准实验教科书《语文》五年级下册第一单元第三课《白杨》。

二、进行民族团结教育的切入点

1. 昔日戈壁滩的恶劣环境和今天巨大的变化。

2. 西部戈壁滩的风土人情。

三、教学目标

体会边疆建设者服从祖国需要，扎根边疆，和边疆人民一起建设边疆的远大志向和奉献精神，培养民族大家庭意识。

（教师）
笔记

四、教学建议

文本教学前要先让学生了解本课的时代背景，了解西部的风土人情及西部发展的历史，从而体会边疆建设者服从祖国需要，扎根边疆，和边疆人民一起建设边疆的远大志向和奉献精神。

五、教学资源

文字参考资料

新疆地形特点是山脉与盆地相间排列，盆地被高山环抱，俗喻"三山夹两盆"。北为阿尔泰山，南为昆仑山，天山横亘中部，把新疆分为南北两半，南部是塔里木盆地，北部是准噶尔盆地。习惯上称天山以南为南疆，天山以北为北疆。塔里木盆地位于天山与昆仑山中间，面积约53万平方公里，是中国最大的盆地。塔克拉玛干沙漠位于盆地中部，面积约33万平方公里，是中国最大、世界第二大的流动沙漠。塔里木河长约2100公里，是中国最长的内陆河。在新疆东部有吐鲁番盆地，最低点 - 154 米，是中国海拔最低的地方。

新疆具有得天独厚的水土光热资源，日照时间长，积温多，昼夜温差大，无霜期长，年太阳能辐射量仅次于西藏，对农作物生长十分有利。新疆现有耕地6038万亩，人均占有耕地3.12亩，为全国人均数的2.1倍。新疆是全国五大牧区之一，在三山和两盆的周围有大量的优良牧场，牧草地总面积7.7亿亩，仅次于内蒙古、西藏，居全国第三。新疆水资源约占全国的3%。2004年，新疆地表水年径流量882亿立方米，人均地表水占有量5146立方米，是全国平均值的2.25倍。地下水可开采量251亿立方米，冰川储量占全国的50%。但由于新疆地处欧亚大陆腹地，气候干旱，水资源受季节因素影响，时空分布极不平衡，地表水蒸发量大，致使一些地方水资源不足。

新疆矿产种类全、储量大，开发前景广阔。目前发现的矿产有

138 种，其中，9 种储量居全国首位，32 种居西北地区首位。石油、天然气、煤、金、铬、铜、镍、稀有金属、盐类矿产、建材非金属等蕴藏丰富。新疆石油资源量 208.6 亿吨，占全国陆上石油资源量的 30%；天然气资源量为 10.3 万亿立方米，占全国陆上天然气资源量的 34%。新疆油气勘探开发潜力巨大，远景十分可观。全疆煤炭预测资源量 2.19 万亿吨，占全国的 40%。黄金、宝石、玉石等资源种类繁多，古今驰名。

农业是新疆生产建设兵团的基础产业，具有突出的资源优势和巨大的开发潜力。兵团有耕地面积 1072.76 千公顷，农作物总播种面积 916.25 千公顷。兵团农业生产规模大，机械化程度和科技含量高，水利等基础设施完善，已初步形成了规范化的现代的大农业体系。兵团生产的农牧产品品种多、单产高、质量好、商品率高，主要经济作物单产水平均居全国前列。2001 年兵团棉花总产 63.89 万吨，约占全国六分之一，已成为国家重要的商品棉基地。

兵团工业已形成了以农副产品加工为主体，能源和基础工业相配套的现代化工业体系，拥有纺织、食品、造纸、皮革、钢铁、煤矿、建材、电力、化工、机械电子等近百个门类；兵团生产的 1200 多种工业产品中有 300 多种曾获国优、部优、区优称号。

兵团拥有勘测、设计、施工一条龙的建筑、安装施工队伍，在国内外承建铁路、公路、水利水电等大型建筑工程。

兵团商贸流通业发达，批发、零售和饮服网点设施遍布全疆和内地各省市。兵团与世界上 66 个国家和地区建立了经贸关系，拥有各类出口商品基地 170 多个，经营 34 大类 100 多个商品的出口业务。

参考网址

http：//baike. baidu. com/view/2824. htm （新疆）

http：//baike. baidu. com/view/679512. htm （新疆生产建设兵团）

把铁路修到拉萨去

一、可进行民族团结教育的课程

义务教育课程标准实验教科书《语文》五年级下册第一单元第

四课《把铁路修到拉萨去》。

二、进行民族团结教育的切入点

1. 青藏铁路对改变西部面貌的巨大作用。

2. 感受新一代建设者在修建铁路时遇到的艰巨困难以及克服困难的顽强毅力。

三、教学目标

1. 感受建设者对修筑铁路和西部大开发的满腔热情以及他们无私奉献、乐观向上和科学创新的精神。

2. 通过自读课文了解青藏铁路是一条怎样的铁路,建设者在修建中遇到了哪些困难,感受新一代建设者们的顽强毅力以及铁路对改变西部面貌的巨大作用。

四、教学建议

在教学前可以让学生先收集介绍建设青藏铁路的时代背景以及沿路的地质、地貌等情况的资料,这样有助于他们了解那里人们的生活情况,感受建设者在修建中遇到了哪些困难,体会他们克服困难的顽强毅力,感受建设者对铁路修筑及西部大开发的满腔热情和无私奉献的精神。

五、教学资源

文字参考资料

青藏铁路由青海省西宁市至西藏自治区拉萨市,全长 1956 公里。其中,西宁至格尔木段长 814 公里,1979 年建成铺通,1984 年投入运营。格尔木至拉萨段,自青海省格尔木起,沿青藏公路南行至西藏自治区首府拉萨市,全长 1142 公里,其中新建 1110 公里。青藏铁路建设面临着多年冻土、高寒缺氧、生态脆弱"三大难题"的严峻挑战,工程艰巨,要求很高,难度很大。青藏高原素有"世界屋脊"、"地球第三极"之称,是我国的"江河源"。在青藏高原这种原始、独特、脆弱、敏感的地理生态环境中修建的青藏铁路,是世界上海拔最高、线路最长的高原铁路,翻越唐古拉山的铁路最高点海拔 5072 米,经过海拔 4000 米以上地段 960 公里,连续多年冻土区 550 公里以上。青藏铁路的开通将进一步加快西藏、青

（教师）
笔记

海两省区的经济发展，"出国容易进藏难"的历史将一去不复返，铁路运输将大大降低进出藏客运和货运的成本。青藏铁路开通后，75%的进出藏物资将由铁路承担，从而改变以往公路运输运距长、运费高、损耗大的缺点。

由于青藏铁路跨越了世界上最高的高原，也被人们称作"天路"。在世代居住于青藏高原的藏族群众看来，这条神奇的铁路不仅能够把高原上稀缺的煤运进来，把皮货运出去，世代放牧为生的牧民们，还能坐上火车到牧区外面去。铁路拉近了他们与世界的距离。

参考网址

http：//baike. baidu. com/view/2580. htm（青藏铁路）

（教师）
笔记

六年级上册

口语交际·习作八

一、可进行民族团结教育的课程

义务教育课程标准实验教科书《语文》六年级上册"口语交际·习作八"。

二、进行民族团结教育的切入点

1. 创设氛围，调动学生积极性，激发交流欲望。
2. 了解欣赏不同民族的各种鼓艺。

三、教学目标

1. 培养学生的艺术情操以及口头表达、倾听的能力和留心观察生活的习惯。
2. 增加学生的民族知识，培养民族大家庭的感情。

四、教学建议

1. 出示边鼓实物或图片

问：这是什么？叫什么名字？是哪个民族的代表乐器？（或哪个民族常用？）

师生共议，老师可以用不同形式讲述这些知识。

如有条件，可以试着敲击。

可放一段有代表性的相关录像。

2. 介绍铃鼓、腰鼓，其中腰鼓是重点。

五、教学资源

文字参考资料

边鼓是流行于广西壮族自治区武鸣、巴马一带壮族民间的手鼓。在壮族铜鼓乐（常由四面大小不同、音色各异的铜鼓交替演奏）合奏中，边鼓是主要的衬托乐器，常用于铜鼓乐合奏和道公歌舞伴奏。流行于广西壮族自治区武鸣、巴马一带。

边鼓鼓形扁圆而小，鼓框用竹或木制成，单面蒙以皮革，鼓面直径 24～26 厘米，鼓框高 4～5 厘米，在鼓框的边缘钉有彩穗为饰。

流行于武鸣一带的边鼓较小，鼓面直径最大只有 24 厘米，蒙牛皮或蛇皮。演奏时，左手持鼓框，右手拍击或执小木棍敲击。流行于巴马一带的边鼓稍大，鼓面直径 26 厘米左右，蒙羊皮、猪皮或蛇皮。演奏时，用双手拇指和掌心托持鼓框两侧，其余手指同时或交替弹击鼓面，音响脆亮。

铃鼓是流行于维吾尔、朝鲜、乌孜别克、塔吉克、汉等民族中的打击乐器，维吾尔语称"纳格曼达卜"（意为歌唱用的手鼓），朝鲜语称"平高"。

鼓框木制，呈扁圆形，单面蒙以羊皮、马皮或驴皮，皮面周围用铁钉绷紧，鼓框上开有扁圆形小长孔 6～8 个，装置着 5～7 对铜制或铁制小钹，另有 1 个不装小钹的圆孔作为手握部位。也有的铃鼓不蒙皮，只在框边上装置小钹。

铃鼓有大、中、小三种规格，鼓框高 4～4.7 厘米，鼓框厚 1.2～1.3 厘米，鼓面直径 20～25 厘米。塔吉克族的铃鼓，形制独特，多用旧筛子边框制作，蒙以狼皮或牛皮，框内装 3 对小铁钹，发音低沉浑厚。

铃鼓属单皮膜鸣乐器，直接用手敲击发声，无固定音高。铃鼓具有简易、轻便的特点，适合于民间舞蹈，普遍应用于世界各地。演奏时一只手提鼓身，另一只手敲击鼓面，可同时发出鼓声和钹声（甚至铃声），常用来烘托热烈的气氛，表达欢乐的情绪。其音色清脆、明亮，还可发出急速而美妙的震音，真可谓"载歌载舞"。

腰鼓形似圆筒，两端略细，中间稍粗，鼓长约 34 厘米，两面蒙皮，鼓框上有环，用绸带悬挂在腰间。演奏时双手各执鼓槌击奏，并伴有舞蹈动作。

腰鼓最初流行于陕西，后来逐渐发展到全国，在民间十分盛行。人们跳着腰鼓舞，变换队形，或行走或在一个场地内边舞边敲，也用于民间秧歌舞。在表演的形式和技巧上，变化极为丰富，，是人民群众喜闻乐见的一种表演形式。近年来，腰鼓舞在许多大中城市的居民中兴起，其主要是自娱自乐，丰富业余生活。

（教师）
笔记

以陕西安塞腰鼓最有名。安塞腰鼓源远流长，风格独特，融舞蹈、歌曲、武术于一体，具有队形多变、刚劲豪放的特点。今天，安塞腰鼓已走出黄土高原，以粗犷奔放的形象传遍全国。

安塞腰鼓的风格特征可概括为以下几点：

1. 通过动律的变化表达舞者的内心激情。舞者击鼓时情不自禁地微微摇头晃肩，使内在感情与外在的动律有机地结合，达到神形兼备、和谐自如。

2. 舞者挥槌击鼓有股子狠劲，无论是上打、下打还是缠腰打，双手都要将鼓槌甩开，显得挺拔浑厚，猛劲中仍不失其细腻之感。

3. 做踢腿、跳跃动作时，无论是大踢、小踢或蹬腿动作，都要有股子"蛮"劲，节奏欢快，难度较大，粗犷豪爽、刚劲泼辣；

4. 击鼓转身是安塞腰鼓表演的关键。在舞蹈中，凡做蹲、踢动作必有转身，转身时必须要猛，特别是做腾空跳跃落地蹲，边转身边起步的一套动作组合时，必须在固定的节拍里，运用迅速的猛劲才能完成动作的变化与连接。

5. 动律形态复杂，跳跃幅度较大。如做"马步蹬腿"、"连身转"、"马步跳跃"等动作时，舞者运用弓步向后连跳两次，然后左腿大步前跨，右腿发力蹬地而起，势若龙腾虎跃，显示出一种顽强拼搏的精神状态。

参考网址

http：//baike. baidu. com/view/288052. htm （边鼓）

http：//baike. baidu. com/view/18003. htm （铃鼓）

http：//baike. baidu. com/view/158190. htm （腰鼓）

http：//baike. baidu. com/view/68542. htm （安塞腰鼓）

http：//zhidao. baidu. com/question/97370746. html （安塞腰鼓的风格特征及其他）

六年级下册

藏 戏

一、可进行民族团结教育的课程

义务教育课程标准实验教科书《语文》六年级下册第二单元第七课《藏戏》。

二、进行民族团结教育的切入点

1. 藏戏的形成。
2. 藏族的风俗习惯。

三、教学目标

了解藏戏的来历和特点以及一些有关藏族的民族知识，培养民族自豪感和民族大家庭意识。

四、教学建议

藏族有着浓厚的民族风情和特有的民族文化，课前让学生搜集一些有关藏族的知识，加深对藏族的了解。在第一课时进行交流，老师可适时补充。

对藏戏的形式和特点，学生学习起来不会感到困难。在理解唐东杰为修桥而募集资金时可能会产生疑问：修桥的资金可不是个小数目。身无分文的唐东杰不但募集到修桥的资金，而且在雅鲁藏布江上留下了 58 座铁索桥，这可真称得上是奇迹。这时，就可以先让他们了解一下藏族文化的特点，再回过头来解决这个问题。若课上没有时间解决问题，也可以作为作业，让学生回家查资料，然后再交流。

五、教学资源

文字参考资料

藏戏大约起源于距今 600 多年以前，被誉为藏文化的"活化石"。藏戏是藏族戏剧的泛称。由于青藏高原各地自然条件、生活习俗、文化传统、方言语音的不同，藏戏在流传过程中，与各地藏区不同的文化艺术传统相结合，形成了各具特色的不同剧种，它拥有众多的艺术品种和流派，是一个非常庞大的剧种系统，如西藏藏戏、青海黄南藏戏、甘肃甘南藏戏、四川康巴藏戏等分支。印度、不丹等国的藏族聚居地也有藏戏流传。

演出一般分为三个部分，第一部分为"顿"，主要是开场表演祭神歌舞；第二部分为"雄"，主要表演正戏传奇；第三部分称为"扎西"，意为祝福迎祥。藏戏的传统剧目相传有"十三大本"，经常上演的是"八大藏戏"，即《文成公主》、《诺桑法王》、《朗萨雯蚌》、《卓娃桑姆》、《苏吉尼玛》、《白玛文巴》、《顿月顿珠》、《智美更登》，此外还有《日琼娃》、《云乘王子》等剧目，多是佛教故事。藏戏的服装从头到尾只有一套，演员不化妆，戴面具表演。藏戏有白面具戏、蓝面具戏之分。

参考网址

http：//baike. baidu. com/view/74674. htm （藏戏）
http：//zhidao. baidu. com/ question/140235564. html （藏戏）

和田的维吾尔

一、可进行民族团结教育的课程

义务教育课程标准实验教科书《语文》六年级下册第二单元第九课《和田的维吾尔》。

二、进行民族团结教育的切入点

维吾尔地区的风土人情和他们的性格特点。

**(教师)
笔记**

三、教学目标

了解一些有关维吾尔族的民族知识，培养民族自豪感和民族大家庭意识。

四、教学建议

可以让学生课前搜集一些有关维吾尔族风土人情的资料了解，在讲课中适时地加以补充说明。

着重品味的句子有：

"那是个停电的晚上，沙尘暴铺天盖地地撕扯着黑暗中的一切，我缩在被窝里惊恐地竖耳听着。"这句话运用了拟人修辞手法，生动形象地描绘出地处大漠边缘的和田恶劣的自然环境，反衬出维吾尔汉子的豪气与乐观。

"我缩在被窝里惊恐地竖耳听着"与飞奔的马车上"一个汉子嘶着沙哑的嗓子在迎风引吭"，通过对"我"的神态、动作描写，与维吾尔汉子在沙尘暴中驾车飞奔迎风引吭的形象进行对比，凸显维吾尔人的性格特征。

"谁能想象那黄灿灿、香喷喷的烤肉是在土堡似的土馕坑里烤熟的！谁又能想到维吾尔人著名的日常食品——馕，也是在土馕坑里烤成的！"两个感叹号表达了作者对和田维吾尔人热爱土地的敬佩和惊叹，表现出维吾尔人对土地的热爱。

"远远望去，那大大小小、五颜六色、形态各异的衣服，像一幅巨大的抽象画，给寂静而单调的沙漠平添了几分韵味。"这句话用了打比方的方法，进一步说明和田维吾尔人对土地的热爱。作者不但非常精练、形象地写出了大小、颜色、形态等维吾尔民族服饰的特点，而且把它们比作"一幅巨大的抽象画"，让原本"寂静而单调的沙漠""平添了几分韵味"。

"花儿不仅盛开在南疆的沙土里，还盛开在维吾尔人的门框边、房梁顶、墙壁的挂毯上。"这个句子采用虚实结合的写法，赞美维吾尔人在恶劣的自然环境中依然爱花、爱美的天性。沙土里种着花（实写），门框边、屋梁顶雕刻着花（虚写）、墙壁的挂毯上绣着花（虚写），有维吾尔人的地方，就有盛开的花。

"豁达乐观的和田维吾尔人，纵使生活再苦，感觉也是甜的。"这句话与课文第一句话遥相呼应，用一个表示条件关系的句子（纵使……也……），进一步说明和田维吾尔人豁达乐观的性格特点。

五、教学资源

文字参考资料

维吾尔族待客和做客都有讲究。如果来客，要请客人坐在上席，摆上馕、各种糕点、冰糖等，夏天还要摆上一些瓜果，先给客人倒茶水或奶茶。待饭做好后再端上来，如果用抓饭待客，饭前要提一壶水，请客人洗手。吃完饭后，由长者领做"都瓦"，待主人收拾完食具，客人才能离席。吃饭时，客人不可随便拨弄盘中食物，不可随便到锅灶前去，一般不把食物剩在碗中，同时注意不让饭屑落地，如不慎落地，要拾起来放在自己跟前的"饭单"上。共盘吃抓饭时，不将已抓起的饭粒再放进盘中。饭毕，如有长者领做"都瓦"，客人不能东张西望或立起。吃饭时长者坐在上席，全家共席而坐，饭前饭后必须洗手，洗后只能用手帕或布擦干，忌讳顺手甩水，那样会被认为不礼貌。

维吾尔族传统服装极富特色。男子穿"裕祥"长袍，右衽斜领，无纽扣，用长方丝巾或布巾扎束腰间；农村妇女多在宽袖连衣裙外面套对襟背心；城市妇女现在已多穿西装上衣和裙子。维吾尔族男女都喜欢穿皮鞋和皮靴，皮靴外加胶质套鞋。男女老少都戴四楞小花帽。维吾尔族花帽有用黑白两色或彩色丝线绣成的民族风格图案，有些还缀有彩色珠片。维吾尔族姑娘以长发为美，婚前梳十几条细发辫，婚后一般改梳两条长辫，辫梢散开，头上别新月形梳子为饰品。

维吾尔族是一个能歌善舞的民族。维吾尔族舞蹈的群众性很强，以轻巧、优美的舞姿和快速旋转、多变的艺术特点而著称。

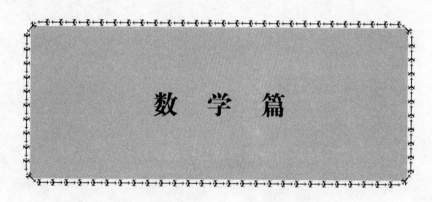

数　学　篇

一年级下册

认识人民币

一、可进行民族团结教育的课程

义务教育课程标准实验教科书《数学》一年级下册第五单元"认识人民币"。

二、进行民族团结教育的切入点

简要了解人民币 1 角、2 角和 5 角纸币上的少数民族，进行民族团结的教育。

三、教学目标

1. 在认识人民币面值的基础上，使学生初步了解人民币 1 角、2 角和 5 角及 1 元、2 元、5 元和 10 元纸币上的少数民族，了解这些民族的基本特征。

2. 通过融入教育，使学生知道我国是个多民族的国家，从而对他们进行民族团结的教育。

四、教学建议

（一）认识印有少数民族人物头像的纸币

问：这是1角钱，观察1角纸币的图案，你知道他们是我国的哪些少数民族？

左为高山族，右为满族。

简单介绍这两个民族的知识。

满族主要生活在我国东北地区。满族在中国历史上具有特殊的地位和作用，建立了全国历时最长的封建王朝——清朝。高山族是主要居住在我国台湾省的少数民族民族。你们听过《阿里山的姑娘》这首歌吗？这首歌就是高山族民歌。

问：请你找一找在人民币上还印有哪些民族？

2角人民币正面图案分别为布依族（左）和朝鲜族（右）妇女头像。

布依族是一个古老的民族，主要分布在祖国西南的贵州省。他

们居住的房屋中有我们熟悉的吊脚楼。朝鲜族主要分布在我国的东北地区，传统文娱活动有跳长鼓舞、荡秋千等。

5角正面是苗族（左）和壮族（右）妇女头像。

苗族具有悠久的历史，是我国南方分布较广的少数民族。这位苗族女子佩戴的华丽银饰，很有代表性，他们的蜡染工艺和芦笙也十分著名。

壮族是我国人口最多的少数民族，"桂林山水甲天下"，那里就居住着勤劳的壮族同胞。

1元正面是瑶族（左）和侗族（右）妇女头像。

瑶族主要居住在我国南方的湖南、贵州、广西、云南等地，分布很广，内部支系也较多。

侗族主要分布在贵州、湖南和广西的交界处。侗族擅长建筑，像我们在民族园看到的风雨楼，就是侗族的标志性建筑。

2元正面是彝族（左）和维吾尔族（右）妇女头像。

（教师）
笔记

彝族人口众多，主要分布在四川、云南、贵州以及广西等地。

维吾尔族主要分布在中国西北边陲的新疆，他们能歌善舞，最盛大的节日是古尔邦节。

5元正面是藏族和回族男子的头像，左侧为回族，右侧为藏族。

回族是我国民族大家庭中分布最广的一个少数民族，盛大节日是开斋节。

藏族居住在青藏高原，有着深远的民族文化，布达拉宫是佛光普照的雪域圣地。

10 元正面是汉族和蒙古族男子头像，左侧为蒙古族，右侧为汉族。

蒙古族被称为"马背上的民族"，他们传统上以游牧为生，盛大的节日是"那达慕"。

汉族是中国的主体民族，人口最多。

同学们感兴趣的话，可以课下对着民族再研究。我们祖国是一个多民族的国家，各族人民相互团结，为祖国的繁荣富强共同奋斗。

（二）巩固练习

描述人民币上的民族，让学生找出相对应的人民币。

五、教学资源

参考网址

http：//www.httpcn.org/finance/currency/rmb.html（人民币图案）

（教师）
笔记

（教师）
笔记

二年级上册

9的乘法口诀

一、可进行民族团结教育的课程

义务教育课程标准实验教科书《数学》二年级上册第六单元
"表内乘法（二）"之"例6：9的乘法口诀"。

二、进行民族团结教育的切入点

让学生了解赛龙舟是我国南方各族人民喜爱的传统体育活动，
这项比赛需要所有队员团结一致、共同努力才能取得胜利。

三、教学目标

使学生了解龙舟赛是少数民族传统体育项目。加强民族团结教
育，增强学生的爱国主义和集体主义精神。

四、教学建议

1. 出示教材中的插图，提问：人们在干什么？（赛龙舟）

简单介绍：赛龙舟是节日期间的一项重要活动，是中国民间传
统水上体育娱乐项目，已流传两千多年，是多人集体划桨竞赛。史
书记载，赛龙舟是为了纪念爱国诗人屈原而兴起的。由此可见，赛
龙舟不仅是一种体育娱乐活动，更体现出人们心中的爱国主义和集
体主义精神。

2. 初步介绍后讲授新课。

3. 课后可浏览网站观看图片，进一步了解我国苗、傣等少数

民族赛龙舟的意义和形式。

五、教学资源

文字参考资料

我国苗、傣等民族都喜欢在节日举行龙舟比赛。由于民俗不同，各少数民族赛龙舟的意义和形式也不同。

苗族，主要生活在贵州、湖南等地。贵州台江的苗族赛龙舟于每年农历五月下旬在清水江举行，苗族群众尽情欢度为时四天的龙舟佳节。他们将三根直而粗的杉树挖成槽形形成龙舟，中间的一条船为母船，鼓手由全寨选出来的最有威望的人担任，一名十多岁的小孩任锣手。三十八名水手分站在两条子船上，身披蓑衣、头戴斗笠，以示祈雨。

云南西双版纳傣族自治州的龙舟赛是在傣族的年节——泼水节期间举行，在除夕日举行划龙舟比赛已成为傣族人民傣历新年的一项主要活动。这一天，傣族男女老少身穿节日盛装，从四面八方汇聚到江边观看比赛。一声号令，一支支高升腾空而起，直穿云霄，一艘艘龙舟箭一般，直冲对岸。人们唱起傣歌，跳起"依拉贺"（傣族的一种集体舞），在鼓声的伴奏下，两岸顿时变成欢乐的海洋。

参考网站

http：//www.gzmzwhw.cn/（贵州民族文化网）

（教师）笔记

二年级下册

锐角和钝角

一、可进行民族团结教育的课程

义务教育课程标准实验教科书《数学》二年级下册第三单元"图形与变换"第一课"锐角和钝角"。

二、进行民族团结教育的切入点

通过认识角来认识了解侗族的建筑特点。

三、教学目标

借助侗族鼓楼和风雨桥的图片来巩固对角的认识，引导学生课后了解侗族建筑别具一格，尤以侗家鼓楼和风雨桥闻名中外。

四、教学建议

1. 出示一组图片，介绍这是侗族的鼓楼和风雨桥，让学生从图中找一找角，巩固复习角的知识。

2. 让学生课后浏览网站，使学生知道侗族建筑别具一格，尤以侗家鼓楼和风雨桥闻名中外。

五、教学资源

文字参考资料

鼓楼和风雨桥是侗乡的主要标志，是侗族人民智慧的结晶。侗族喜聚族而居，单家独户很少见，侗寨少则几十户，多则上百户，五六百户的大寨也不少见。一个寨子一般居住着一个大姓，几个家族或几个姓氏共居一寨。

鼓楼是侗乡具有独特风格的建筑物，座座鼓楼高耸于侗寨之中，巍然挺立，气概雄伟。鼓楼是一种纯木结构的建筑，不用一钉一铆，底部一般呈方形，少数呈六面形。由于结构严密坚固，可达数百年不朽不斜。这充分表现了侗族能工巧匠建筑技艺的高超。

风雨桥又称"花桥"，是侗族建筑中最具特色的民间建筑之一。多建在离村寨不远的溪河上，一般都为杉木组合托架简梁式木桥，桥台上建长廊，桥墩上建亭阁。风雨桥结构科学，构思独特，造型优美，建筑坚固，融美和实用为一体。它和鼓楼同为侗乡的标志。

侗族人民十分珍视和爱护风雨桥。每当一桥建成或修复，都要举行隆重的踩桥仪式，随后制订出保护桥梁的条款，刻石立碑，人人遵守。还规定有每年的探桥日，这一天，老人们集中到桥上，认真检查桥梁，如有损坏，及时设法补修。平时，过往行人只要看见有缺损的地方，也都会主动拿出材料修补。一些上了年纪的老人，还经常把桥打扫得干干净净。到别寨去做客，人们都要赞美主寨的风雨桥。

参考文献

杨权等著：《侗族》，民族出版社 1992 年出版。

参考网站

http：//www. emuseum. org. cn/（中华民族园网）
http：//www. wenming. cn（中国文明网）

1000 以内数的认识

一、可进行民族团结教育的课程

义务教育课程标准实验教科书《数学》二年级下册第五单元"万以内的认识"第一课"1000 以内数的认识"。

二、进行民族团结教育的切入点

简要了解一些少数民族的民族体育项目，如打陀螺、推铁环、

（教师）
笔记

跳竹竿、蒙古式摔跤等。

（教师）
笔记

三、教学目标

通过普及民族体育知识，使学生简单了解一些少数民族的传统体育项目，增强他们的民族团结意识。

四、教学建议

1. 出示教材中的插图：体育场正在举行四年一届的少数民族传统体育运动会，各民族选出代表来参加运动会。

2. 介绍满族、瑶族、京族、蒙古族等代表队入场。

3. 提问：你知道他们将参加哪些项目吗？老师简要介绍瑶族的打陀螺、满族的推铁环、京族的跳竹竿、蒙古式摔跤等。

五、教学资源

文字参考资料

陀螺在我国有着悠久的历史。抽陀螺是我国北方地区的主要玩法，而打陀螺则是南方地区的主要玩法，即一人旋放陀螺，另一人将自己绕好的陀螺撞击对方的陀螺，使之停转或破裂。打陀螺在广西、云南、贵州等地开展得较为普遍。广西、云南、贵州三省交界的瑶族人民特别喜欢这项活动，无论男女老幼、春夏秋冬，打陀螺成了瑶族人的一种娱乐方式。

推铁环是满族儿童喜爱的游戏项目。游戏的道具是一个铁圈儿和一个铁钩子。铁圈儿一般由一根铁棍圈制而成，铁钩子也用铁棍弯成个钩状。所谓推铁环，就是用铁钩子推着铁圈儿走或者跑。北京中华民族园把推铁环加工整理成民族体育竞技项目，在游客中推广，受到游客的好评，许多游客在推铁环的游戏过程中仿佛回到了童年。

京族人民很喜欢跳竹竿这种活动。京族人民生活在海边，以渔业为主，闲暇时在海滩上、丛林中，拿起抬网的竹竿在地上敲打，小伙子与姑娘们在竹竿上跳来跳去，慢慢形成了一项有趣的活动。跳竹竿比赛的种类很多，一般可分为表演赛、邀请赛、友谊赛、选拔赛等。比赛表演的形式以集体协作为基础，把队员分为打竿者和挑竿者，按跳竿者人数，分单人、双人、三人、六人以上集体表演。

蒙古式摔跤是蒙古族三大运动（摔跤、赛马、射箭）之首，是蒙古族"男儿三艺"之一，有悠久的历史和独特的民族风格，深受广大牧民的喜爱。在草原上，每年夏、秋季节，牧民们在欢庆丰收的日子里举行那达慕大会，摔跤是会上最受欢迎的项目，牧民们踊跃参加。

参考文献

郭颂等主编：《少数民族传统体育》，北京师范大学出版社2009年出版。

参考网站

http：//www. emuseum. org. cn/（中华民族园网）

四年级上册

大数的认识（上）

一、可进行民族团结教育的课程

义务教育课程标准实验教科书《数学》四年级上册第一单元"大数的认识（上）"。

二、进行民族团结教育的切入点

通过例 1 对新疆人口的介绍，在帮助学生认识大数的基础上，了解新疆是我国少数民族聚居地区，主要居住着维吾尔族、汉族、哈萨克族、回族、柯尔克孜族、蒙古族、塔吉克族、锡伯族、满族、塔塔尔族、俄罗斯族、达斡尔族和乌孜别克族等民族，民族大杂居的特点十分明显。我国是一个平等、团结、互助、和谐的多民族大家庭。

引入部分出示新疆地区主要民族人口数量及新疆人口总数量。

三、教学目标

增加学生的民族知识，培养学生的民族大家庭意识。

四、教学建议

在引入部分，重点展示有关新疆地区风土人情及写有人口数的图片，边让学生读数，边欣赏新疆的风土人情，使学生感受到各民族人民团结一心，共同建设美好家园的良好氛围。

教师可以通过以下问题，引导学生思考，并对学生的回答加以引导和提示：

1. 同学们知道这是什么地方吗？你怎么看出来的？
2. 通过看图，你有什么感受？

五、教学资源

(教师)
笔记

文字参考资料

新疆，很早就是一个多民族聚居的地方。如今总人口1900多万，其中维吾尔族是主体民族，汉、哈萨克、回、蒙古、柯尔克孜、锡伯、塔吉克、乌孜别克、满、达斡尔、塔塔尔、俄罗斯等12个民族在新疆也有较长的居住历史。

千百年来，新疆各民族，经过漫长的历史发展过程，伴随着新疆独特自然环境的沧桑变化，在不断的东迁西移、南北转换中又受到不同文化的浸染，逐步形成了独特的风俗习惯，反映在服饰、饮食、人生礼仪、婚姻丧葬、宗教信仰、喜好禁忌和文化艺术等诸多方面。凡是到过新疆的游客都有这样的感受：只要一踏上这块神奇的土地，就会立即被多姿多彩的民族风情所吸引。

新疆的少数民族都是能歌善舞的民族。他们的舞姿奔放矫健、节奏鲜明、风格粗犷剽悍，尤其是女性的舞蹈姿态或柔软舒展，或轻快活泼，妙不可言。他们的民歌含蓄深沉、悠扬而抒情。在新疆赶上任何年节、喜庆和娱乐活动，都能欣赏到各个民族独具风采的音乐和舞蹈。

新疆的少数民族都是热情好客的民族。茫茫的大漠与挺拔的苍山峻岭所组成的生存空间，加上长期的游牧生活，养成了他们粗犷豪爽的性格。特别是在乡村，外来的客人随便走进一户人家，都会得到最好的招待。

据2000年全国人口普查统计，新疆有维吾尔族8345622人，约占总人口的45%，人口居全疆各民族第一。"维吾尔"是维吾尔族的自称，意思是"团结"、"联合"或"协助"。这一族称早在4世纪时就见诸于汉文史籍了，只是历代汉文史籍中的译写不够统一。1934年，新疆省政府正式统一使用"维吾尔"汉译族称。

据2000年全国人口普查统计，中国哈萨克族人口共1250458人，主要分布在新疆维吾尔自治区北部的伊犁哈萨克自治州、木垒哈萨克自治县和巴里坤哈萨克自治县。

据2000年全国人口普查统计，在我国回族共9816802人，乌孜别克族共 12370 人，蒙古族共 5813947 人，塔吉克族共 41028 人，达翰尔族共 132394 人，俄罗斯族共 15609 人，柯尔克孜族共 160823 人，塔塔尔族有 4890 人。以上各民族的部分人散居新疆各地。

参考文献

杨圣敏主编：《中国民族志》，中央民族大学出版社 2002 年出版。

大数的认识（下）

一、可进行民族团结教育的课程

义务教育课程标准实验教科书《数学》四年级上册第一单元"大数的认识（下）"。

二、进行民族团结教育的切入点

通过例 4 对我国面积最大的 6 个省（自治区）人口的介绍，在帮助学生认识大数的基础上，了解这 6 个省（自治区）也是我国的少数民族聚居地区，这里民族成分多，各族人民相互依存、生死与共。我国是一个统一的多民族的团结、和谐、平等、互助的大家庭。

三、教学目标

增加学生的民族知识，培养学生的民族大家庭意识。

四、教学建议

创设一个展示我国面积最大的 6 个省份的情境，可用中国地图或各省地图展示。先由学生根据地图上标明的名称说出是哪个省（自治区），再适时简介各地的民族概况，然后呈现各省（自治区）的面积数，由学生正确地读出这些数。

通过小组合作学习的形式将每两个省（自治区）面积数进行比较，并在组内说一说自己是怎样比较的；之后小组代表在全班汇报交流自己组的比较方法，老师引导学生归纳出大数的比较方法。最后，教师简介每个省（自治区）的民族概况等。

五、教学资源

文字参考资源

新疆维吾尔自治区位于我国西北边疆，地处亚欧大陆腹地，全区面积 166 万多平方公里，占我国国土面积的 1/6，是我国面积最大的省区。新疆维吾尔自治区地形轮廓呈现"三山夹两盆"的地形特色。"三山"即北部的阿尔泰山、中部的天山和南部的昆仑山及喀喇昆仑山；"两盆"即北部的准格尔盆地、南部的塔里木盆地。以天山山脉为中轴，新疆分为北疆和南疆两个自然条件有明显差异的部分。习惯上，吐鲁番、哈密一带又称东疆。

新疆维吾尔自治区成立于 1955 年 10 月 1 日。新疆维吾尔自治区现辖 5 个自治州、7 个地区、3 个区辖市、9 个地辖市、7 个州辖市、62 个县、6 个自治县、11 个市辖区、857 个乡镇，总人口 1925 万人，自治区首府设在乌鲁木齐市。

黑龙江省聚居有汉族、满族、朝鲜族、回族、蒙古族、达斡尔族、锡伯族、鄂伦春族、赫哲族、鄂温克族等民族，他们在历史上对促进中华民族的融合和发展、保卫祖国作出过特殊的贡献。早在南北朝时期，走出大兴安岭的鲜卑人就在中原建立北魏政权，留下了云冈、龙门等艺术瑰宝。金代则促进了中原和东北地区的经济和文化交流。明末清初，沙俄南侵，是达斡尔人首先打响了抗俄的第一枪。1931 年"九·一八"事变，日本帝国主义侵略东北，是黑龙江人首先进行了江桥抗战。抗日战争胜利后，黑龙江是中国共产党领导下的第一个完整的省份，哈尔滨市是中国共产党领导下的第一座大城市。黑龙江各族人民消灭了近 7 万土匪，巩固了革命根据地，支援了全东北、全中国的解放。中华人民共和国成立后，黑龙江省逐步建设成为国家重要的粮食、煤炭、石油、林业和机械工业基地。特别是改革开放以来，沿边已形成开放带，边境贸易有很大发展，全省经济也有较快增长。

内蒙古自治区位于中国北部边疆，紧邻蒙古和俄罗斯。面积 110 多万平方公里，人口 2386.1 万，以蒙古族和汉族数量最多，此外还有朝鲜、回、满、达斡尔、鄂温克、鄂伦春等民族。首府呼和浩特市。

全境以高原为主，多数地区在海拔 1000 米以上，通称"内蒙古高原"。主要山脉有大兴安岭、贺兰山、乌拉山和大青山。东部

（教师）笔记

63

草原辽阔，西部沙漠广布。有呼伦湖、贝尔湖等著名湖泊，黄河流经本区西南部。本区属温带大陆性季风气候，因地域辽阔，各地差异较大，多数地区四季分明，夏短冬长，较为干冷。年均气温 −1 ～ 10 摄氏度，全年降水量约 50 ～ 450 毫米。已探明矿藏 60 余种，稀土、煤、银等储量巨大。草原面积居全国前列，大兴安岭林区木材蓄积量较大。

青海是个多民族聚居的省份，全省共有 55 个民族成分，现有少数民族人口共 238 万多人，约占全省总人口的 45.5%。在青海世居的少数民族有藏族、回族、土族、撒拉族、蒙古族等，少数民族人口占全省人口的比例分别是：藏族 21.89%，回族 15.89%，土族 3.85%，撒拉族 1.85%，蒙古族 1.71%。

四川的居民除汉族外，还有多个少数民族，其中 5000 人以上的少数民族有彝族、藏族、羌族、回族、蒙古族、傈僳族、满族、纳西族、白族、布依族、傣族、苗族、土家族等。四川有中国第二大的藏区、最大的彝族聚居区和唯一的羌族聚居区。彝族是四川境内人数最多的少数民族，主要聚居在大小凉山与安宁河流域；藏族居住在甘孜藏族自治州、阿坝藏族羌族自治州和凉山彝族自治州的木里藏族自治县等高原地区；羌族是中国历史最悠久的民族之一，主要居住在岷江上游的茂县、汶川、黑水、松潘、北川等地。

西藏是以藏族为主体的民族自治地方，除了藏族以外，还有世居的回族、纳西族、怒族、门巴族、珞巴族以及尚未识别的僜人、夏尔巴人等。门巴族、珞巴族、僜人、夏尔巴人是西藏独有的土著居民，主要分布在西藏的南部和东南部，跨境而居。再加上内地进藏的汉族和其他民族干部、职工，西藏现共有 41 个民族成分（包括未识别的僜人、夏尔巴人）。总人口为 240 多万人，主体民族藏族占西藏总人口的 96.3%。

参考文献

李晓霞主编：《多民族区域自治的现状》，新疆人民出版社 2007 年出版。

林耀华主编：《民族学通论》，中央民族大学出版社 1997 年出版。

五年级上册

简易方程

一、可进行民族团结教育的课程

义务教育课程标准实验教科书《数学》五年级上册第四单元"简易方程"。

二、进行民族团结教育的切入点

利用课本第 66 页第 4 道练习题，增加学生的民族知识，培养学生的民族大家庭意识。

三、教学目标

增加学生的民族知识，培养学生的民族大家庭意识。

四、教学建议

在讲授简易方程的解法时，让学生在掌握解法，正确列式解答的基础上，加做第 66 页第 4 道练习题："宁夏的同心县是一个'干渴'的地区，年平均蒸发量是 2325mm，比年平均降水量的 8 倍还多 109mm。同心县的年平均降水量是多少毫米？"

五、教学资源

参考网址

http：//baike. baidu. com/view/767761. htm （宁夏同心县）

http：//baike. baidu. com/view/9520. htm （宁夏回族自治区）

（教师）
笔记

五年级下册

分数的基本性质

一、可进行民族团结教育的课程

义务教育课程标准实验教科书《数学》五年级下册第四单元
"分数的基本性质"。

二、进行民族团结教育的切入点

利用课本第 78 页第 10 道练习题，进一步使学生明确我国是一
个统一的多民族国家，各民族不论大小一律平等，我们生活在民族
大家庭中。

三、教学目标

进一步使学生明确我国是一个统一的多民族国家，培养学生民
族大家庭和民族团结意识。

四、教学建议

在学生理解分数基本性质的基础上，让他们学着灵活运用分数
基本性质来解决实际问题。利用第 78 页第 10 题"我国有 56 个民
族，其中汉族占全国人口的 $\frac{92}{100}$。也可以说汉族占全国人口的 $\frac{46}{50}$ 或
$\frac{23}{25}$。他的说法正确吗？为什么？"进行民族团结教育。

五、教学资源

参考网址

http：//baike. baidu. com/view/1917. htm（中国各少数民族）

（教师）
笔记

六年级上册

位　置

一、可进行民族团结教育的课程

义务教育课程标准实验教科书《数学》六年级上册第一单元"位置"。

二、进行民族团结教育的切入点

1. 利用北京中华民族园景区位置示意图讲授新课。
2. 用所学知识练习描述各民族景区的位置。

三、教学目标

增加学生的民族知识，培养民族大家庭意识。

四、教学建议

在讲授有关位置的知识时，出示北京中华民族园的位置图，让学生用所学知识练习描述具体的民族景区位置，老师穿插简要介绍该民族。

五、教学资源

图片：

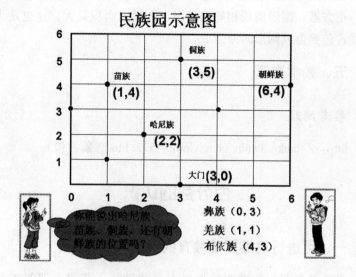

民族园示意图

参考网站

http：//www．emuseum．org．cn（北京中华民族园网）

圆面积练习课

一、可进行民族团结教育的课程

义务教育课程标准实验教科书《数学》六年级上册第四单元"圆"练习十六。

二、进行民族团结教育的切入点

蒙古包体现出蒙古族人民的智慧。

三、教学目标

通过对蒙古包建筑特点的简要了解，培养学生的民族自豪感和民族团结意识。

(教师)笔记

四、教学建议

在讲授完圆面积的时候，可结合书后的练习题，讲解在长方形、正方形、圆形周长相等的情况下，圆的面积最大，这也是为什么蒙古包要盖成圆形的原因。

五、教学资源

参考网址

http：//baike.baidu.com/view/24592.htm（蒙古包）

百分数的认识

一、可进行民族团结教育的课程

义务教育课程标准实验教科书《数学》六年级上册第五单元"百分数的认识"。

二、进行民族团结教育的切入点

在讲解分数意义的时候，适当了解少数民族人口占我国总人口的比例。

三、教学目标

通过适当了解少数民族人口占我国总人口的比例，增加学生的民族知识，培养民族团结意识。

四、教学建议

在讲授百分数意义的时候，可以算算少数民族人口占我们总人数的百分之几。如我国人数较少的珞巴族，2000年全国人口普查的数据是2965人，占全国13亿人口的百分之几？

五、教学资源

文字参考资料

生活在西藏的珞巴族是我国人口较少的民族，"珞巴"一词为藏语，意为"南方人"。据藏文史籍记载，藏族和珞巴族人民的交往一直很密切。在近代史上，珞巴族曾屡次开展驱逐帝国主义间谍和"远征军"的斗争，为维护祖国神圣领土不受侵犯作出过极大贡献。

参考网址

http：//baike. baidu. com/view/4771. htm （珞巴族）

（教师）
笔记

六年级下册

认识圆柱

一、可进行民族团结教育的课程

义务教育课程标准实验教科书《数学》六年级下册第二单元"认识圆柱"。

二、进行民族团结教育的切入点

1. 向学生简单介绍客家人传统居所——围屋。
2. 了解客家人的悠久历史，弘扬民族精神。

三、教学目标

弘扬民族精神，学习客家人"勤劳勇敢，开拓进取，慎终追远，爱国爱乡"的精神。

四、教学建议

讲授圆柱体时，在学生举出日常生活中见到的圆柱体例子后，教师出示客家围屋的图片，向学生简单介绍客家传统居所——围屋的由来及客家人的优良传统。

五、教学资源

文字参考资料

客家，是一个具有显著特征的汉族民系，也是汉族在世界上分布范围最广阔、影响最深远的民系之一。为防外敌及野兽侵扰，多数客家人聚族而居，形成了围龙屋、走马楼、五凤楼、土围楼、四角楼等，其中以围龙屋存世最多和最为著名，是客家建筑文化的集中体现。（出示图片）

参考网址

http：//baike.baidu.com/view/469683.htm（客家围屋）

第二单元复习与整理

一、可进行民族团结教育的课程

义务教育课程标准实验教科书《数学》六年级下册第六单元"复习与整理"。

二、进行民族团结教育的切入点

使学生体会我国是一个多民族的古老、勤劳、智慧的国家。

三、教学目标

让学生体会我国是一个多民族的古老、勤劳、智慧的国家，从而增强他们学数学的兴趣，增强民族自豪感，培养民族自尊心和自信心。

四、教学建议

在创设情境过程中出示生活中的圆柱和圆锥实物图片，如我国少数民族的竹筒琴、草帽、粮囤、房屋……利用少数民族的一些饰品、乐器、房屋等实物图片引入，使学生体会到我国是一个多民族的国家。

在众多图片中主要介绍蒙古族人民居住的蒙古包，让学生根据蒙古包外形特征提出一些数学问题并解答。通过对蒙古包外形的探讨，使学生掌握圆柱和圆锥的特征及计算公式。而后通过教师提出"为什么蒙古包设计成圆形"的问题，使学生进一步体会蒙古族人民的智慧，从而增强学生的民族自豪感。

（教师）笔记

五、教学资源

文字参考资料

竹筒琴是瑶族、壮族的打击弦鸣乐器,历史极为久远,已有2700多年的历史。造型古朴,琴体用一节毛竹筒制作,全长50厘米左右,直径6~10厘米,以奏者手能持握为宜。

鄂温克族是我国人口较少的少数民族之一。"鄂温克"在鄂温克语中意为"住在大山林中的人们"。鄂温克族比较古老的住房是"撮罗子",搭制很方便,呈圆锥形屋架,高3米左右,底部直径约4米,顶部留出通烟口,在外面围盖上桦树皮、兽皮即可住人。

在粤、闽、赣交界地带至今仍可见到一种圆柱形高屋围楼,这是客家人早期的一种民居屋式。

蒙古包顶上不积雨水,地震中不变型,大风雪中阻力小,在占有材料相同的情况下,圆柱体占空间最大,所以这种奇特、美观、明快的设计在建筑学上得到极高的评价,这也正是蒙古民族智慧的结晶。

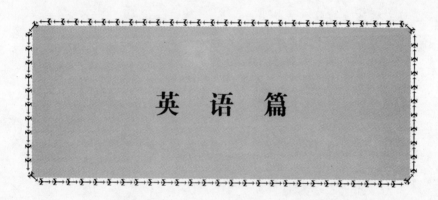

英 语 篇

（教师）
笔记

三年级下册

Unit 4　Do you like candy?

一、可进行民族团结教育的课程

义务教育课程标准实验教科书新版《小学英语》三年级下册第四单元。

二、进行民族团结教育的切入点

我国是一个物产丰富、少数民族众多的国家，在少数民族地区有许多具有民族特色的食品或水果，涉及此类食品的单词就是本课进行民族团结教育切入的语言点。

三、教学目标

让学生在英语课堂上学习一些这类食品和水果的英语表示法，对我国少数民族的食品及其礼仪有一定的了解。通过创设真实情景，让学生在语境中理解表达喜欢与不喜欢某种食品的句子，使他们能正确模仿并在实际情境和生活中自然运用，培养学生灵活运用的能力。

四、教学建议

1. 教学时，应该以本课的食品主题为切入点，介绍一些少数民族食品的英语表达法，并简单介绍其特点。例如维吾尔族的食品馕，用英语表达是 naan，馕是新疆各民族人民喜爱的主食之一，已有两千多年的历史了。

（教师）
笔记

2. 在教学环节中的 production 展开环节，可引导学生分组合作讨论：蒙古族和维吾尔族有哪些传统的食品，它们有什么相同点、不同点，并表达自己的看法。

五、教学资源

文字参考资料

蒙古族的食用肉类主要牛肉、绵羊肉，最具特色的是烤全羊和手抓羊肉。吃完肉后还要喝些茶，如红茶和奶茶。煮奶茶时先烧水，然后放入茶煮 2 ~ 3 分钟，再将鲜奶和盐放入，烧开即可。

维吾尔族同样喜好饮茶，因为他们同样吃肉食较多，蔬菜较少，通过喝茶来助消化。在维吾尔族家中饮茶，要先敬年龄大的长者。喝完之后，如茶碗放在餐布上，说明还要接着喝；否则，用双手在茶碗上捂一下，并说"谢谢，我喝够了"。维吾尔族还忌食猪、狗、驴、骡之肉和自死的禽畜肉及动物血。

馕用小麦面或玉米面制成，在特制的火坑内烤熟，为形状大小和薄厚不一的圆形饼，可以贮存较长时间，是维吾尔族的主要食物。

和田烤馕

拍摄：张悦（北京市东城区回民小学）

参考网站（址）

http：//www. xjht. gov. cn（和田信息网）

http：//hanitalan. yxtc. not/56mz/hnmm－xdzc－32. htm（蒙古族）

http://www.xinli.gov.cn和问卷网。
http://huodong.yang.net.Sonar/nanfan-/dke-32-.htm（教
育）

四年级上册

Unit 1   Look at those jeans.

一、可进行民族团结教育的课程

义务教育课程标准实验教科书新版《小学英语》四年级上册第五单元。

二、进行民族团结教育的切入点

我国少数民族众多，他们大多有自己的民族传统服装，涉及此类服装的英语表达法就是本课进行民族团结教育切入的语言点。

三、教学目标

通过创设真实情景，让学生在语境中理解英语中有关买衣服的句子，使学生能正确模仿并在实际情境和生活中自然运用，培养学生灵活运用的能力。让学生在英语课堂上不仅学习到普通服装的英语表示法，更对我国少数民族的传统服饰及其礼仪有一些初步的了解。

四、教学建议

1. 民族服饰丰富多彩，可以让学生了解几种比较有代表性的民族服饰，如维吾尔族花帽（hats floret）。

2. 教学时，应该以本课的主要教学内容服装服饰用语为主。在教学环节 Production 中，可引导少数民族学生，尤其是本班的少数民族学生，身穿本民族服饰，给全班同学介绍。例如维吾尔族学生可以戴上花帽向同学进行展示，并作简单介绍。

五、教学资源

文字参考资料

维吾尔族的服饰种类很多。男子的外衣称为"袷袢"，多过膝，宽袖，无领，无扣。女子普遍穿连衣裙，外罩坎肩或短上衣。妇女尤喜鲜艳的绸缎，如艾德莱斯绸。男女外出一般都戴花帽。

参考网址

http：//news. xinhuanet. com/ziliao/2005 –04/21/content_ 2858241. htm（维吾尔族）

（教师）
笔记

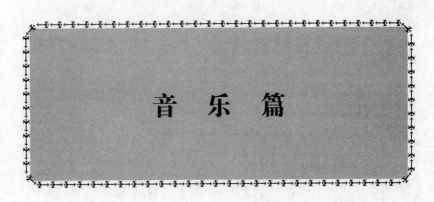

音 乐 篇

一年级上册

彝家娃娃真幸福

一、可进行民族团结教育的课程

义务教育课程标准实验教科书《音乐》一年级上册第二单元第三课时。

二、进行民族团结教育的切入点

《彝家娃娃真幸福》是一首根据彝族民歌音调创作的儿童歌曲，通过对彝家娃娃在喜庆佳节中尽情歌舞这一生活侧面的描写，热情洋溢地赞美了彝族儿童的幸福生活。通过感受欢歌乐舞的舞蹈场面，感性、初步地认识彝族朋友，了解音乐与生活、劳动习俗等的关系。

三、教学目标

通过创设情境，搜集教学需要的详实材料，让学生更深刻地了解彝族的风土人情，培养学生热爱祖国大家庭的思想感情。

四、教学建议

1. 图文结合，让学生了解彝族的有关风土人情。老师介绍（如出示我国地图，播放录像片段等）：彝族是我国人口较多的民族，主要分布在四川、云南、贵州、广西，彝族人民能歌善舞、热情好客。火把节是彝族最盛大的节日，节日期间，人们穿着漂亮的民族服装，载歌载舞，开展许多活动，如摔跤等。

（设计意图：图文结合的介绍方式让学生耳目一新，一幅幅美景能很快吸引学生，简短的设计让学生有意犹未尽之感）

（教师）笔记

2. 弘扬民族精神。在云南，彝族是人口最多、分布面积最广的少数民族。他们能歌善舞，聪明、智慧。他们独具特色的民间工艺、风俗民居，迷人的歌舞、神话传说深深吸引学生们。歌曲采用明快活泼、具有舞蹈性的节奏型贯穿始终，加上"阿里里"这一彝家韵味衬词的运用，极富民族色彩，生动地描绘出一群天真可爱的彝家娃娃身着节日盛装，在山寨空旷的青草坪上尽情歌舞的动人场景。本节课通过学唱歌曲，感受其中欢快的情绪，了解彝族，了解我国居住着很多少数民族，具有民族大杂居的特点，懂得我国是一个各民族平等、团结、互助、和谐的大家庭。

在引入部分，重点展示彝族地区的图片，请学生欣赏各族人民共同生活的画面，使学生感受到各民族人民团结一心，共同建设美好家园的良好氛围。

五、教学资源

文字参考资料

彝族具有悠久的历史和古老的文化，在我国少数民族人口数中居第五，主要分布在云南、四川、贵州三省和广西壮族自治区的西北部。彝族人世代在云贵高原和康藏高原东南部边缘地带的高山河谷间生产劳作，繁衍生息。神奇秀美而广袤丰饶的土地山川养育了一代代的彝族人，也孕育出彝族人悠远的历史和朴素而多彩的民族文化。

彝族人民能歌善舞。彝族民间有各种各样的传统曲调，诸如爬山调、进门调、迎客调、吃酒调、娶亲调、哭丧调等。有的曲调有固定的词，有的没有，是临时即兴填词。山歌分男女声调，各地山歌有自己独特的风格。彝族乐器有葫芦笙、马布、巴乌、口弦、月琴、笛、三弦、编钟、铜鼓、大扁鼓等。彝族舞蹈也颇具特色，分集体舞和独舞两类，其中多为集体舞，如"跳歌"、"跳乐"、"跳月"、打歌舞和锅庄舞等，动作欢快，节奏感强，通常由笛子、月琴、三弦伴奏。

彝族民歌因地区的不同，其风格也有差异。凉山南部地区的民歌高亢激越，中西部地区的民歌轻柔优美，东部依诺地区的民歌敦厚朴实。过去的彝族民歌，总的说来给人以压抑低沉之感，但其朴素优美的民族、地区韵味十分鲜明。民间器乐不是仅供伴奏，而是独立发展，自成系统，展示的历史时空跨度极大，常见的乐器有口弦、月琴、马布、葫芦笙、胡琴、彝箫、竖笛、唢呐等。此外，吹木叶，即以一片树叶来吹奏乐曲也是彝族人民喜爱的民间音乐形式。口弦和月琴十分普遍，妇女尤其喜欢吹奏。口弦是一种独特而简易的乐器，由几片长约七八厘米的薄簧片组成，有竹片和铜片两种，最少的两片，最多的达五六片。竹制的音色深厚、低沉，铜制的音色清脆、秀丽。吹奏时以手指拨动簧片，利用口腔共鸣变化音色。簧片除发出本音外，还发出十分优美的泛音，构成音乐较宽的曲调。月琴多为中青年男子所喜爱，其中不乏优秀的民间月琴手。20世纪50年代，凉山彝族姑娘沙玛乌芝在莫斯科世界青年联欢节上演奏月琴，受到热烈欢迎。

彝族的民间舞蹈往往和歌唱、器乐的演奏分不开。民间舞一类是产生于生产劳动中的舞蹈，如荞子舞、包谷舞、织毡舞等，大多是模拟劳动动作和表现生产过程。另一类是在节日或在婚嫁欢乐场面中常见的舞蹈，如跳锅庄、跳"都火"、对脚舞、被毡舞、芦笙舞等，有的表现耕牧的辛劳、丰收的欢乐，有的表现征战的勇敢，有的表现对爱情的追求。

从彝族民间艺术中开出的歌舞之花，不仅在中外舞台上一展辉煌，而且在现代生活中遍地开放。今天，在凉山城乡，经常可以看到男女老少手拉着手，踏着民族风味的节拍，欢乐地跳着达体舞。"达体"是彝语音译，意为"踏地舞"或"脚踏舞"，是在传统的彝族歌舞基础上编创而成的一种集体舞蹈，动作简练明快，音乐悠扬流畅，乡土气息浓郁，时代色彩强烈。在凉山彝族国际火把节上，来自国内外的客人和彝族同胞手拉手，围着一堆堆篝火，跳在一起，融为一家，场面热烈壮观，气氛亲切感人。

（教师）
笔记

（教师）
笔记

二年级上册

快乐的游戏

一、可进行民族团结教育的课程

义务教育课程标准实验教科书《音乐》二年级上册第四单元第一课时。

二、进行民族团结教育的切入点

1. "阿西里西"是彝语音译，意为"我们都是好朋友"，"丘都拉迪嗡啊"是彝族歌曲中表示欢乐情绪的衬词。

2. 通过学习，初步了解彝族的各种艺术表现形式。

三、教学目标

1. 通过教师准备的材料，让学生更深入地了解彝族的风土人情，培养学生热爱祖国民族大家庭的思想感情，学唱歌曲《阿西里西》。

2. 初步了解彝族音乐的旋律特点和彝族的各种艺术表现形式，准确自信地演唱歌曲。

四、教学建议

1. 播放欣赏歌曲《阿细跳月》，引入《阿西里西》，介绍这两首歌曲都是彝族的音乐，《阿细跳月》表现了青年们的舞蹈场面，《阿西里西》表现的则是儿童们的游戏场面。

2. 播放歌曲《阿西里西》录音。

3. 讲解 "阿西里西" 是彝语 "我们都是好朋友" 的意思，"丘都拉迪嗡啊" 是表示欢乐情绪的彝语衬词。

4. 了解彝族的风土人情。

5. 学生齐唱歌曲，感受歌曲的情绪。

五、教学资源

文字参考资料

彝族主要分布在云南、四川、贵州和广西壮族自治区，有自己的语言文字。

彝族服饰形式众多，男子喜穿黑色窄袖左斜襟上衣和多褶宽大长裤，缠包头，并在包头右前方扎一细长锥形的 "英雄结"；女子喜穿镶边或绣花大襟右衽上衣和多褶长裙，有的系围裙和腰带，缠包头；男女外出时，喜披 "擦尔瓦"，"擦尔瓦" 形如斗篷，长可及膝，下端缀以长穗，用羊毛织成，多为黑色。每年的农历六月二十四日是彝族最隆重的节日——火把节。这天，人们手执火把，围绕住宅和麦田游行，然后燃起篝火，唱歌跳舞，村寨里充满了节日的欢乐。

彝族是个能歌善舞的民族，有着丰富的民间歌舞和音乐艺术。民间流传着各种曲调，如爬山调、迎客调、娶亲调等，无论是劳动的间隙，还是年节婚丧，都常以歌舞来抒发自己的情感。彝族有 "诺苏"、"纳苏"、"罗舞"、"米撒泼"、"撒尼"、"阿细" 等不同支系，不同支系的音乐风格有很大的差别，都有其独特的风格。彝族的乐器有葫芦笙、马布、巴乌、口弦、笛、铜鼓等。在众多彝族乐器中，以月琴、口弦、马布、三弦流传比较广泛。彝族的舞蹈也颇具特色，如 "跳歌"、"跳月"、打歌舞、锅庄舞等，其中 "阿细跳月" 是最流行的舞蹈之一。夜幕降临，在皎洁的月光下，小伙子们吹起短笛，弹起三弦，男女青年和着节拍，翩翩起舞，跳到酣畅时，姑娘们会随手摘一片树叶含在嘴上吹起曲子，欢快的舞蹈直到月落方止。

阿细是彝族的一个支系，自称 "阿细璞"，聚居在云南省红河哈尼族彝族自治州弥勒县的西山一带。阿细人能歌善舞，"阿细跳月" 是他们最喜爱、最普及的民间集体舞蹈。"阿细跳月" 节奏明快，舞姿粗犷奔放，有老人舞和青年舞。老人舞弹的是小三弦，舞步轻慢稳重。青年舞则由男青年挎着大三弦边弹边跳，热情激越，

（教师）笔记

是男女青年沟通感情、选择对象的自娱活动。其音乐为宫调或大三度五拍节，欢快热烈、粗犷奔放；舞蹈步法似踏火弹跳，先用一只脚跳三下成三拍，双脚落地成四拍，再换另一只脚起跳，如此不断反复。在载歌载舞中，寻找称心如意的伴侣，然后变换队形，一男一女对舞。由于"阿细跳月"舞蹈强度大，尤其是男青年肩挎四五公斤重的大三弦，弹、唱、跳、旋，常常跳得满头大汗。颇具感召力的"阿细跳月"，一代又一代，一年又一年，吸引着青年男女尽兴尽情通宵达旦地进行。

参考网站

http：//www.59766.com（游友网）

http：//www.ls666.com（凉山新闻网）

三年级上册

在祖国怀抱里

一、可进行民族团结教育的课程

义务教育课程标准实验教科书《音乐》三年级上册第二单元第一课时。

二、进行民族团结教育的切入点

《在祖国怀抱里》是一首欢快、活泼的儿童歌曲，表现了各族小朋友的团结友爱，抒发了他们在祖国的怀抱里快乐、甜蜜的情感。在上这节课时，可以让学生观看佤族、苗族、彝族、壮族等少数民族的歌舞片段，还可以让学生通过录像了解更多的少数民族风土人情，激发学生学习兴趣。

三、教学目标

通过创设情境，搜集教学所需的详实材料，让学生更深入地了解少数民族的风土人情，从而培养他们热爱祖国民族大家庭的思想感情，增强民族团结友爱的意识，并能有表情地演唱歌曲。

四、教学建议

这节课要让学生知道我们中国有 56 个民族。通过聆听歌曲，感受歌曲节奏，歌曲模唱，按节奏朗读歌词并能填词演唱来掌握歌曲，通过自己创编动作，能用乐器为歌曲伴奏来进行巩固，让学生在活动过程中不断熟悉它，感受歌曲活泼、欢快的音乐情绪和各民族儿童在一起唱歌跳舞时的快乐喜悦的心情。在导入部分，可以出示几幅插图，让学生说一说自己了解的少数民族。教学中，让学生尽情感受、体验这首歌曲。

五、教学资源

文字参考资料

我国的佤族主要分布在云南省西盟、沧源、孟连三县，耿马、澜沧、双江、镇康、永德、昌宁、勐海等县也有分布。佤族的主要分布区在澜沧江和萨尔温江之间的怒山山脉南段展开地带，那里山峦起伏，平坝极少，故又称"阿佤山区"。佤语属南亚语系孟—高棉语族佤语支，分为巴饶克、阿佤、佤3种方言，每种方言又分若干土语。新中国成立前，英、美传教士为传播基督教而编制了一种佤文，但使用范围很小。新中国成立后，人民政府派语言工作者对佤语进行了深入调查，并于1957年设计了拉丁字母形式的佤文。

历史上的佤族，男人穿黑色短衣和宽口大裤；妇女着掼头衣和横条花短裙，饰物有项圈、项链、手镯、腰箍和脚箍等，大部分为银制品或竹藤制品，或涂上天然色料，或为自然的原色；男女老少都很喜爱。随着社会的发展，佤族的服饰也开始有了变化，出现了长裙、筒裙以及一些较为有时代感的衣着和装饰，但佤族聚居的地区仍然保持着传统的民族特色。传统衣服的原料是自种的棉麻，经过自纺自织成布，按其传统的方式加工制作而成，织出的图案有的像孔雀、白鹇的羽翎，有的像灵猫、鲛鲤等毛皮的图案。

苗族的历史悠久，早在两千多年前就定居在湖南洞庭湖和沅江流域一带，从事渔猎和农业生产。后经过历代不断的迁徙进入西南地区。苗族自称"蒙"，云南的苗族支系有8个冠以"蒙"的自称单位，新中国成立后统一称为"苗族"。苗族居住分散，支系较多，有青苗、花苗、白苗、独角苗等。苗族历来以能歌善舞闻名遐迩。苗族的歌曲调较多，如质朴庄重的古歌，豪迈奔放的飞歌，缠绵动听的情歌，还有酒歌、丧歌等，无不各具特色、韵味无穷。每年农历六月六日的"踩花山"是贵州省苗族最盛大的节日，届时男女青年欢聚对歌，选择佳侣，并举行吹芦笙、跳芦笙舞、踩鼓、爬花杆等活动。苗族服饰多达130多种，各地不完全相同。男子多用布包头，身穿短衣裤。苗族妇女的穿戴普遍比较讲究，尤其是盛装极为精美，花饰很多，有的裙子有40多层，故名"百褶裙"。衣裙上面绣制各种图案，异彩纷呈。妇女擅长纺织、刺绣、蜡染，工艺十分精湛。

撒尼人是彝族的一个支系，世代居住于云南石林，流传有关于"阿诗玛"的动人的传说。

壮族是中国人口最多的少数民族，壮族有自己的语言，新中国成立后，新创了壮文。壮族人民能歌善舞，有定期举行的唱山歌会，称为"歌圩"，以农历三月初三举行的最为隆重。

（教师）笔记

（教师）
笔记

四年级上册

快乐的泼水节

一、可进行民族团结教育的课程

义务教育课程标准实验教科书《音乐》四年级上册第三单元第一课。

二、进行民族团结教育的切入点

1. 感受歌曲的情绪，能够有表情的演唱。

2. 学习几个傣族舞蹈动作。

3. 初步了解傣族音乐的特点。

三、教学目标

熟悉傣族音乐的旋律特点。

四、教学建议

1. 导入：介绍傣族的泼水节。

2. 学唱歌曲：

（1）播放歌曲，学生初步感受歌曲旋律。

（2）学生随录音轻声哼唱。

（3）引导学生分析乐谱，感受傣族音乐的特点。

（4）再次随录音演唱歌曲。

（5）指导学生学习几个傣族舞蹈动作。

（6）学生随音乐舞蹈。

五、教学资源

文字参考资料

泼水节是傣族最富民族特色的节日。泼水节是傣历的新年，节期在傣历六月六日至七月六日之间，约在公历 4 月中旬。泼水节这天，人们要拜佛，姑娘们用清水为佛像洗尘，然后彼此泼水嬉戏，相互祝愿。泼水节期间，还要举行赛龙船、放高升、放飞灯等传统娱乐活动和各种歌舞晚会。

孔雀在傣族人民心中是吉祥、幸福、美丽、善良的象征。每逢佳节，傣族人民都要云集一堂，观看由民间艺人表演的根据民间故事、神话传说以及佛经故事改编而成及表现孔雀习性的大象舞。

孔雀舞一般由一、二人或三人表演。每当舞者跳到高兴时，众人就喝彩"吾——吾"，"水——水"，气氛十分热烈。孔雀舞有较固定的表演程式，多为模仿孔雀飞出窝巢、灵敏视探、安然漫步、寻水、饮水、戏水、洗澡、抖翅、晒翅、展翅、与万物比美、自由幸福的飞翔等。孔雀舞的动作异常丰富，最常见的手势有掌式、孔雀手式（拇指稍向里扣，食指屈回，其余三指如扇形翘起）、眼式（食指与拇指稍靠拢，其余三指如扇形翘起）等。步伐有踮步、起伏步（动力腿由脚跟带动向臀部踢起后全脚掌落地，主力腿随之屈、伸）等。从舞蹈风格上可归纳为三类：一为雄孔雀舞，民间多跳此舞，膝部起伏刚韧，舞姿有明显的"三道弯"特点；第二为雌孔雀舞，在民间多由男子表演，膝部起伏柔韧缓慢，舞姿优美动作细腻，并常有拱胸和肩的转动，体现其含蓄、妩媚的形态，鼓点轻盈缓慢；第三为小孔雀舞，常采用快速的小颤和保持半蹲状态的矮步，小腿灵活轻巧，常用连续的小耸肩，鼓点快速而轻巧。

傣族音乐分为声乐和器乐两种形式，傣族音乐与民歌及叙事长诗的演唱有密切联系。傣族民歌在形式上比较自由，韵律不很严格，曲调节奏也较灵活，各地唱腔多有不同，但总体来说，傣族民歌的风格都较为柔和优雅，抒情色彩比较浓厚。长篇叙述诗都有固定的唱腔、旋律来与语调相联系，朗读性和歌唱性结合紧密，基本以五声音阶为基础，经常使用滑音、装饰音和颤音，唱腔柔和抒情。

参考网址

http://baike.baidu.com/view/38671.htm（孔雀舞）

那达慕之歌

一、可进行民族团结教育的课程

义务教育课程标准实验教科书《音乐》四年级上册第三单元第二课时。

二、进行民族团结教育的切入点

1. 在学唱歌曲的过程中，了解蒙古族民歌的特点。
2. 了解"那达慕大会"。
3. 了解蒙古族另一种艺术形式——"好来宝"。

三、教学目标

让学生了解蒙古族的"那达慕"大会，感受音乐在其中的重要作用。

四、教学建议

1. 导入：介绍那达慕大会的由来。
2. 介绍"好来宝"。
3. 播放歌曲录音，让学生初步感受歌曲，引导学生了解蒙古族民歌的特点。
4. 学生随琴视唱歌谱。
5. 轻声唱歌词。
6. 在歌曲结尾处进行速度处理。

五、教学资源

文字参考资料

蒙古族音乐，无论是民歌、说唱音乐、歌舞音乐还是民族器乐，都具有鲜明的民族风格，旋律优美，气息宽阔，感情深沉，草原气息浓厚。

古代蒙古族民歌古朴、粗犷，以徵调式最为多见，宫调式、商调式次之，羽调式较为少见。但现在的民歌音乐风格发生了变化，更为含蓄内在、优美抒情。羽调式逐步成为最主要的调式，宫调式、徵调式退居为次要地位，各种调式以五声音阶为基础。

蒙古族民间音乐的旋律，虽然不同地域有不同的特点，但总的来说音域广阔，常用同一方向大跳，在各种跳进的音程中，上行纯四度的跳进最为常见，超过八度的跳进也很普遍。在蒙古族民歌的演唱中，常用一种向上方的甩音加以装饰，使旋律富有活力，经常出现由弱到强的同音进行，两个同音连接，类似切分节奏，音乐轻盈活泼，有的民歌则常用倚音的方式来装饰旋律。

（教师）笔记

那达慕大会是蒙古族具有鲜明民族特色的传统活动，也是蒙古族人民喜爱的一种传统体育活动形式。它的前身是蒙古族"祭敖包"，是蒙古民族在长期的游牧生活中，创造和流传下来的具有独特民族色彩的竞技项目和游艺、体育项目。那达慕有久远的历史。在元朝时，那达慕已经在蒙古草原广泛开展起来。这个风俗沿袭至今，每年蒙古族人民都举行那达慕大会。期间，夜幕降临，草原上响着悠扬激昂的马头琴声，男女青年在篝火旁轻歌曼舞，人们沉浸在节日的欢乐之中。

那达慕盛会要进行男子"三艺"——摔跤、赛马和射箭的竞技赛。

摔跤是蒙古族特别喜爱的一种体育活动，也是那达慕大会上必不可少的比赛项目。蒙古族的摔跤有其独特的服装、规则和方法，因此也叫蒙古式摔跤。其特点为：按蒙古族传统习俗，摔跤运动员不受地区、体重的限制，采用淘汰制，一跤定胜负。比赛前先推一位族中的长者对参赛运动员进行编排和配对，蒙古长调《摔跤手歌》唱过三遍之后，摔跤手挥舞双臂，跳着鹰舞入场，向主席台行礼，顺时针旋转一圈，然后由裁判员发令，比赛双方握手致意后比赛开始。

蒙古高原盛产著名的蒙古马，能跑善战，耐力极强。自古以来，蒙古族人就对马有特殊的感情，他们从小在马背上长大，以有一匹善跑的快马而自豪。训练烈马、精骑善射是蒙古族牧民的绝技，人们通常把是否善于驯马、赛马作为鉴别一个优秀牧民的标准。赛马为蒙古族男儿三技之一。参加者有时全是少年，有时不分年龄，具有广泛的群众性。

射箭是蒙古族传统的"男儿三技"的又一项目，也是那达慕大会最早的活动内容之一。

今天，那达慕大会除了进行男子三项竞技外，还增加了马球、马术、田径、球类比赛、乌兰牧骑演出等新的内容，同时进行物资交流和先进人物表彰。举行那达慕时，牧区方圆数百里的牧民穿起节日的盛装，骑着骏马或乘坐汽车、勒勒车，络绎不绝地前来参加。

那达慕上的各项活动是力与美的显现、体能和智慧的较量、速度和耐力的比拼，比较全面地展示了在草原上生活的群众的综合素质。那达慕具有广泛群众性和娱乐性的传统民俗文化活动具有广泛、深刻的文化内涵，反映了蒙古民族的价值观和审美观。2006年5月20日，该民俗经国务院批准列入第一批国家级非物质文化遗产保护名录。

好来宝，又作"好力宝"，是蒙古语译音。好来宝为蒙古族曲艺之一，是一种由一个人或者多人以四胡等乐器自行伴奏，坐着用蒙古族语进行"说唱"表演的曲艺形式。大约形成于12世纪前后，表演者均为男性。"好来宝"的蒙古族语意为"连起来唱"或"串起来唱"，唱词为四句一节，押头韵。或四句一押韵，或两句一押韵，也有几十句唱词一韵到底的情形。表演的节目篇幅可长可短，艺人们往往即兴现场编词演唱。节目内容既可叙事，又可抒情，有赞颂，也有讽刺。修辞手法包括比喻、夸张、排比、反复等，运用十分普遍，从而使其表演具有风趣幽默、节奏明快而又酣畅淋漓的特点。好来宝题材多样，除一般的儿女风情、世态变化和知识性的内容外，还有许多民间长篇故事以及改编的古典章回小说。好来宝音乐变化多端，节奏轻快活泼，唱词朴实优美，语言形象动人。有三种表现方法：单口好来宝，演唱者自拉自唱；对口好来宝，两人表演；群口好来宝，是20世纪60年代由本区乌兰牧骑根据传统好来宝的演唱特点创作的一种曲艺形式，由4~6人齐唱、领唱、对唱等形式表演，其题材内容多以歌颂社会主义祖国为主。

参考网址

http：//www.chinaculture.org/gb/cn_ zgwh/2004 - 06/28/content_ 53303.htm（那达慕大会）

http：//www.nmg.gov.cn/backsite/pages/2005720/20057202311012.htm（好来宝）

塔吉克的节日

一、可进行民族团结教育的课程

义务教育课程标准实验教科书《音乐》四年级上册第三单元第三课。

二、进行民族团结教育的切入点

1. 了解鹰笛、手鼓以及塔吉克音乐的风格和特点。
2. 用具有特点的节奏为乐曲伴奏。

三、教学目标

通过欣赏弹拨乐合奏的乐曲《塔吉克的节日》，使学生初步认识塔吉克乐器鹰笛和手鼓，了解塔吉克音乐的风格，培养热爱祖国民族大家庭的思想感情。

四、教学建议

1. 简单介绍塔吉克族的鹰笛、手鼓。
2. 播放乐曲录音。
3. 指导学生视唱主题 A。
4. 练习节奏，为乐曲伴奏。
5. 播放录音，学生用铃鼓伴奏。

五、教学资源

文字参考资料

鹰笛，是塔吉克族和柯尔克孜族古老的边棱气鸣乐器，因用鹰的翅膀骨制作而得名。流行于新疆维吾尔自治区塔什库尔干塔吉克自治县、克孜勒苏柯尔克孜自治州和伊犁哈萨克自治州等地。

管身多用鹫鹰的翅膀骨制作，一般全长 24～26 厘米，管径 1.5 厘米左右，管内中空无簧哨，上下两端管口皆为通孔，在管的下端开有 3 个按音孔。制作时，先将翅膀骨上的肉剔刮干净，锯掉两端骨节，磨平上下管口，除去骨髓。两端管口呈椭圆形，上口较大，下口较小，从下口往上，每隔 2.2 厘米左右，钻有一个直径 0.7 厘米（稍呈椭圆形）的按音孔，按音孔共有 3 个。开按音孔的工艺十分重要，民间多以食指和中指在骨管上平展的宽度作为标准距离。鹰笛不仅长短有别，管口大小有异，所开的音孔距离也不同。多才多艺的塔吉克族人民，每当鹰笛开完音孔以后，还要在白净而俊俏的笛身上雕刻出图案纹饰或题字，使之犹如一件精美的工艺品。更为奇特的是，鹰笛做好以后先不能吹奏，要放置在屋内，经过半年的烟气熏染，使外表呈现出美观、雅致的暗红色之后，方可取下带在身边。

演奏时，左手中指按上孔，右手食指和中指按下两孔。管身竖置并稍微向左或右倾斜，嘴含上口，用舌尖堵住管口一半，吹气冲击管壁，使管中空气柱振动，并通过手指按孔而发音。兼用平吹和超吹，音域较宽，可达 9 度。音色高亢明亮，与口哨声惟妙惟肖。传统的鹰笛都成双成对，塔吉克族人民常用一只鹰的一对翅膀骨，做成两支左右相衬，大小和开孔完全一致的一对鹰笛，吹奏起来，音调也完全相同，好像一对孪生娃娃。

塔吉克民间音乐独具特色。电影《冰山上的来客》插曲"花儿为什么这样红"令人耳目一新，就是取材于流行已久的塔吉克民歌。塔吉克的乐曲很丰富，歌曲大多为山歌体，有固定的旋律，多数为七声音阶，歌谱一般很短，可反复演唱，曲调大多数分为上下两句，又常在下句的前半句或后半句变化几个音，以示结尾。

五年级上册

拉萨谣

一、可进行民族团结教育的课程

义务教育课程标准实验教科书《音乐》五年级上册第一单元第
一课。

二、进行民族团结教育的切入点

本单元主题为"西部风情"，通过观看西部地区的风光片、音
乐片，向学生展示我国西部地区有代表性的音乐及相关文化，如藏
族、苗族、彝族的音乐以及西部的风土人情等。

三、教学目标

使学生感受西部放歌的音乐特点，开阔音乐视野，自信而有感
情地演唱《拉萨谣》，培养热爱祖国民族大家庭的思想感情。

四、教学建议

学歌之前一定得把歌词先弄透，用故事或律动活动等来帮助他
们记忆歌词。可先让学生了解一些西藏的名胜古迹、风土人情、历
史文化，或者开个以"走进西藏"为主题的音乐会，让学生更深切
体会歌曲的内涵。

五、教学资源

文字参考资料

藏族主要聚居在西藏，四川、青海、甘肃、云南等省也有分布。另外，尼泊尔、巴基斯坦、印度、不丹等国境内也有藏族分布。

藏族地区森林茂密，盛产各种珍禽异兽和名贵药材。以青稞等制作的糌粑和酥油茶、青稞酒是农牧民的主要食品。藏族人信仰藏传佛教，宗教寺院遍布藏族地区，著名建筑有布达拉宫、大昭寺、昌都寺、拉卜楞寺、塔尔寺等，展示了藏族建筑艺术的高超水平。藏族有自己的文字语言，藏族的语言属于汉藏语系藏缅语族藏语支，藏文文献卷帙浩繁，内容丰富，《甘珠尔》、《丹珠尔》两大佛学丛书举世闻名。藏族有藏医、藏药。"望果节"、"展佛节"、"失勤节"、"雪顿节"、"藏历新年"等是藏族主要节日。藏族使用本民族的历法。藏族服装具有长袖、宽腰、大襟、肥大等特点。

锅庄舞，又称为"果卓"、"歌庄"、"卓"等，藏语意为圆圈歌舞，是藏族三大民间舞蹈之一，分布于西藏昌都、那曲，四川阿坝、甘孜，云南迪庆及青海、甘肃的藏族聚居区。舞蹈时，一般男女各排半圆，拉手成圈，有一人领头，分男女一问一答，反复对唱，无乐器伴奏。整个舞蹈由先慢后快的两段舞组成，基本动作有"悠颤跨腿"、"趋步辗转"、"跨腿踏步蹲"等，舞者手臂以撩、甩、晃为主变换舞姿，队形按顺时针行进，圆圈有大有小，偶尔变换"龙摆尾"图案。

锅庄分为用于大型宗教祭祀活动的"大锅庄"、用于民间传统节日的"中锅庄"和用于亲朋聚会的"小锅庄"等几种，规模和功能各有不同。也有人将之区分成"群众锅庄"和"喇嘛锅庄"、"城镇锅庄"和"农牧区锅庄"的。

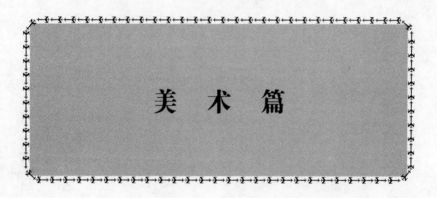

美 术 篇

（教师）
笔记

二年级上册

花衣服

一、可进行民族团结教育的课程

北京市义务教育课程改革实验教材《小学美术》第三册第四课。

二、进行民族团结教育的切入点

让同学们欣赏各族服装，了解一些少数民族习俗，懂得服饰可以体现民族的特色。

三、教学目标

了解傣族、藏族、布依族、维吾尔族、苗族服装的特点，增加民族知识，培养热爱祖国民族大家庭的思想感情。

四、教学建议

具有民族特色的服装一般款式多变、色彩鲜艳、装饰纹样丰富、戴饰精巧，多采用具有浓郁民族特色的图案装饰，织锦、刺绣、挑花、蜡染、纹饰等民间工艺。美丽的民族服饰蕴含了各民族的风俗、礼仪和对美好生活的追求，是各民族传统文化的组成部分。中国是个多民族的大家庭，每个民族都有自己独特的民族服饰，汇聚成绚丽多彩、风格多样的中华服饰。它们有些斑斓厚重，有些丰富华丽，有些简洁朴素，完整地展现了各民族人民的智慧和审美理想。

可让学生在欣赏民族服装，了解各民族穿衣的习俗的同时，学习设计一件民族服装，并对自己设计的服装的特点及民族特色进行讲解、展示。

五、教学资源

文字参考资料

傣族服饰

傣族妇女一般穿窄袖短衣和筒裙，上身为白色或绯色内衣，外罩紧身短上衣，圆领窄袖，多为大襟或对襟，色彩鲜艳明亮。前后衣襟刚好到腰部，能显出秀美身材。下着长至脚踝的筒裙，腰身收拢，细小合体，下摆宽大。

傣族男子服装多用白布或青布制作，以红、白布或蓝布缠头。上身为无领对襟或大襟短衫，下着长裤，用青色长布束腰。天寒时外披长毯，四季喜赤足。

藏族服饰

藏族的服饰上含有图腾图案、镇妖避邪图案、吉祥图案等内容。藏族的服饰艺术，具有很高的装饰性，又兼具方便、实用的特性。服装强调整体效果，具有流畅的线条和运动感。例如滚有金线边的领尖，胸前绣的荷花图案，鞋上的福寿图案，衣角的对角图案等，使服饰的内涵既符合本民族的特点，又具有高原的地域性特征。

藏族服饰多由藏蓝、白两色构成。白色代表着美好、纯洁、善良、慈悲、吉祥，是善的化身；蓝色代表着湖泊。藏服上装饰明亮色彩的图案，体现了藏族人民对美好生活的向往。

布依族服饰

布依族少女头上缠绕勒条，青壮年半包头巾，七八十岁以上的妇女，头缠蓝黑包布。男女服装多用蓝、青、黑、白等色布缝制。男子穿对襟短衣和长裤。妇女身着青色的无领对襟短衣，身大袖宽，衣缝处要镶两寸左右的宽边，上衣下角绣彩色滚边，内衣的袖口较外衣长而小，外衣袖口则大而短。老人多穿蓝黑色百褶长裙，脚上着精美的满花绣鞋，俗称"猫鼻子花鞋"。整套服装可以说集纺织、印染、挑花、刺绣等手工艺术于一体。每逢节日时，妇女均佩带大量的银饰，有耳环、戒指、项圈、发簪和手镯等。

维吾尔族服饰

维吾尔族服饰不仅花样较多，而且优美，富有特色。妇女喜用红绿装饰。维吾尔族男性讲究穿黑白色制作的衣服。

维吾尔族人们喜欢花朵，在服装上体现出来。人人戴绣花帽，着绣花衣，穿绣花鞋，背绣花袋，衣着服饰与鲜花不可分割。

维吾尔族妇女不论冬夏都着裙装。在裙衫外套绣花对襟坎肩，下穿彩色长裤子或长袜。夏天，她们穿薄如蝉翼的传统艾得莱斯绸连衣裙，头戴绣花帽或各色长头巾，脚蹬皮鞋或长统皮靴。

维吾尔男子爱穿传统的长衫，名为"袷袢"，无领、无扣、宽袖、长过膝，腰系一条宽大的布腰带，名为"甫塔"。男子内衣较短，多为白色。年轻人的衬衣胸前及领、袖缀上花边。脚蹬皮鞋或长统皮靴。

苗族服饰

苗族的服饰标志是银饰，多有龙凤花卉图案，寓意高贵、华美。

苗族服饰上体现了纺织、刺绣、蜡染等工艺，服装上遍施图案，颜色、样式花哨。妇女佩戴银制的手镯、大项圈、耳环等饰品，再缀以各种珠穗。

苗族服装的刺绣，绚丽多姿、色彩斑斓，每一幅刺绣都讲述着历史。部分苗族人穿麻布衣和麻布短裙，妇女扎又厚又粗的麻布绑腿，既可御寒，又可以保护下腿部不被荆棘刺破，设计实用又巧妙。苗族支系众多，服饰有较大差异。较典型的妇女装束是短上衣，百褶裙。

参考网址

http：//baike. baidu. com/view/2705. htm（维吾尔族服饰）

http：//baike. baidu. com/view/4093. htm（傣族服饰）

http：//baike. baidu. com/view/2700. htm（藏族服饰）

http：//baike. baidu. com/view/4041. htm（布依族服饰）

http：//baike. baidu. com/view/2725. htm（苗族服饰）

（教师）
笔记

二年级下册

设计小帽子

一、可进行民族团结教育的课程

北京市义务教育课程改革实验教材《小学美术》第四册第十二课。

二、进行民族团结教育的切入点

让学生欣赏各种少数民族帽子，了解相关的习俗，懂得帽子也能体现民族特色。

三、教学目标

了解维吾尔族帽子的特点，培养热爱祖国民族大家庭的思想感情。

四、教学建议

1. 通过本课教学，让同学们欣赏帽子，给帽子按用途分类，了解少数民族习俗。

2. 四个人一组，共同设计装饰一顶帽子，也可以制作一顶本民族的帽子，向同学们展示其民族特色。

3. 根据该组设计的帽子进行表演，可以跳一段该民族的舞蹈或唱一首该民族的民歌，增加学生的民族自豪感。通过本课教学时让同学们欣赏帽子，给帽子用途上分类了解少数民族习俗，懂得帽子可以体现本民族的特色。

五、教学资源

文字参考资料

维吾尔族小花帽造型古朴大方，造型美观，线条丰富，图案活泼。喀什的再尔花帽，用金银线盘绣花帽，做工精致，华丽高贵。库车的串球亮片花帽，在帽上装饰大量的金银片与彩珠串，图案纹样与缀结富有立体感，光艳耀眼。维吾尔族小花帽做工精致、图案精美，绣工精良、色彩丰富，花纹多样。吐鲁番花帽布满花朵，色彩强烈、浓艳；伊犁花帽整体造型扁浅圆，图案简练，图案纤细、大方、淡雅，色彩柔和。

参考网址

http：//baike. baidu. com/view/2705. htm （维吾尔族服饰）

（教师）
笔记

（教师）笔记

三年级上册

美丽的染纸

一、可进行民族团结教育的课程

北京市义务教育课程改革实验教材《小学美术》第五册第二课。

二、进行民族团结教育的切入点

我国的很多少数民族，如白族、彝族的扎染工艺非常高。

三、教学目标

了解白族、彝族的扎染工艺，培养学生热爱少数民族工艺的感情。

四、教学建议

在染纸课堂实践后，作为知识的拓展延伸，向学生介绍白族、彝族的扎染工艺；启发学生用染好的染纸作品做成工艺品，从而使学生了解、热爱少数民族传统工艺。

五、教学资源

文字参考资料

扎染不仅代表着一种传统，而且已成为一种时尚。扎染如此受欢迎，是由于它有别于其他染织物品的个性。它朴素自然，蓝底上的白花清新典雅，毫不张扬，符合人的情致，贴近人的生活，充满人性色彩，是人民勤劳、质朴、纯洁、诚实、善良、乐观、开朗、热情好客等美好品格和情趣的象征。扎染在人们心目中已成为特殊的文化象征和民族传统艺术的标徽。

参考网址

http：//baike. baidu. com/view/147410. htm （扎染）

http：//tieba. baidu. com/f？kz＝139482870 （手工扎染技法）

（教师）
笔记

三年级下册

画民间玩具

一、可进行民族团结教育的课程

北京市义务教育课程改革实验教材《小学美术》第六册第三课。

二、进行民族团结教育的切入点

了解白族、苗族民间玩具的风格及造型特点，培养学生对民间艺术的热爱。

三、教学目标

引导学生了解不同层次、不同地区的民间玩具造型，培养学生对民间艺术的热爱，培养热爱祖国民族大家庭的思想感情。

四、教学建议

作为知识的拓展延伸，向学生介绍白族、苗族民间玩具的风格及造型特点，并通过欣赏，使学生了解我国是一个多民族的国家，民间玩具具有多角度的文化性特征，培养学生对民间艺术的热爱。

五、教学资源

文字参考资料

黄平泥哨贵州苗族的民间玩具之一，产于贵州黄平，由苗族艺人吴国清首创，现村里家家户户都会制作。泥哨大者如拳，小者似李，塑成各种动物，用工具拍印装饰纹，阴干后放入地窑，盖上谷壳焙烧，过一天取出，泥哨变得坚硬黝黑，再用红、白、黄、绿、蓝、紫等色重彩描绘，最后罩以蛋清，便可出售。

黄平泥哨是黄平一带典型的苗族民间玩具，为苗族泥塑艺人创新发展起来的小型彩塑泥塑。泥塑题材丰富，多取材于飞鸟走兽，蝶虫蛙鱼，家禽六畜，神话人物。泥哨造型注重动物头部特征，强调神似性略，极具夸张的艺术风格。哨体下部均有回气孔，能吹响。泥胚着色一般以黑点红，黑点绿，兼白、紫、蓝等色，近似当地苗家妇女的刺绣花块，非常具有苗家风情。黄平泥哨实为欣赏、把玩之精品。

参考网址

http：//www. 28. com/jy/yy/n－9746. html（白族民间玩具）

http：//baike. baidu. com/view/169870. htm（黄平泥哨）

http：//www. tjarts. edu. cn/Tianmei/indexminjianyishu6. htm（苗族民间玩具）

（教师）笔记

四年级下册

刻 纸

一、可进行民族团结教育的课程

北京市义务教育课程改革实验教材《小学美术》第八册第二课。

二、进行民族团结教育的切入点

了解不同民族剪纸作品的选材及特征，使学生在欣赏的过程中感受浓郁的民族气息及其精湛的工艺。激发学生对民间艺术的热爱。

三、教学目标

通过欣赏、观察、演示等方法，使学生了解满族剪纸艺术，体会剪纸的基本方法和剪纸中所蕴含的民族文化，激发学生对民间艺术的热爱，培养热爱祖国民族大家庭的思想感情。

四、教学建议

在欣赏蔚县剪纸，感受蔚县剪纸色彩明快艳丽、优美造型的基础上，向学生介绍不同民族剪纸作品的选材及特征，使学生在欣赏的过程中感受浓郁的民族气息及其精湛的工艺，激发学生对民间艺术的热爱。

五、教学资源

文字参考资料

河北省丰宁满族自治县地处塞北，民间流传的丰宁满族剪纸始于清代康熙年间，至乾隆年间形成了浓郁的地域特征与民族特色。它以阳刻为主，阴刻为辅，批毛纤长，剪工精细。清末民初，丰宁满族剪纸进入鼎盛时期，1949 年后在形式和内容上又有了进一步的发展，更为贴近现实生产与生活。1960 年以后，剪纸艺术创作堕入低谷。1982 年，丰宁民间剪纸队伍重新建立，其作品随着各种展览和出国表演在海内外造成广泛的影响。1993 年，丰宁被文化部命名为"中国民间剪纸艺术之乡"。

丰宁满族剪纸从内容上可分为吉祥剪纸、花鸟鱼虫剪纸、山水风光剪纸以及人物、盆篮碟盘瓶、瓜果、动物、花字剪纸等类。由表现形式看，它包括单色剪纸（红、白、黑等）、点染剪纸、填色剪纸、复色组合剪纸等品种。根据具体用途，又可分为窗花、祭神祖吊签（挂签）、阴天扫天婆、节令剪纸、礼花（结婚的喜庆剪纸、葬丧的素色剪纸等）以及日常室内装饰用顶棚花、风斗花、炕围剪纸等。在我国众多对民间剪纸之中，丰宁满族剪纸以其特有的艺术魅力占有一席之地。

目前丰宁满族剪纸的传统技艺大多留存在 70 岁以上的老人手中，面临失传的危险，亟待抢救、保护。

国家非常重视非物质文化遗产的保护。2006 年 5 月 20 日，丰宁满族剪纸经国务院批准列入第一批国家级非物质文化遗产名录。2007 年 6 月 5 日，经国家文化部确定，河北省丰宁满族自治县的张冬阁为该文化遗产项目代表性传承人，并被列入第一批国家非物质文化遗产项目 226 名代表性传承人名单。

满族剪纸起源于明末，它依附于满族民间特定的文化背景与生活环境，在艺术上逐渐形成了自己独特的语言和风格。满族剪纸作品内容丰富，风格自然质朴、粗犷独特。经过数百年发展，满族民间剪纸已成为在国内外具有一定影响的民间艺术种类。

参考网址

http：//baike. baidu. com/view/298592. htm（满族剪纸）

（教师）
笔记

各式各样的建筑

一、可进行民族团结教育的课程

北京市义务教育课程改革实验教材《小学美术》第八册第十六课。

二、进行民族团结教育的切入点

了解民族建筑，如羌族、傣族建筑的悠久历史，感受建筑物的艺术魅力，激发对祖国民族建筑文化的热爱。

三、教学目标

通过了解羌族、傣族的建筑历史，感受民居建筑的特点及魅力，激发对祖国民族建筑文化的热爱，初步普及相关民族知识。

四、教学建议

在欣赏、了解各国、各民族建筑的悠久历史，感受建筑物艺术魅力的基础上，激发学生对祖国历史悠久的民族建筑文化的热爱之情，培养热爱祖国民族大家庭的思想感情。

五、教学资源

文字参考资料

羌族建筑

羌族居住建筑屡经变革。先居"穹庐"，即帐幕；后居土屋，现茂县、汶川等地羌民仍有筑土墙为屋或筑矮围墙的习惯。土墙中混入牛、羊毛，极坚牢。再后羌民依山而居，垒石为室，高者至10余丈，为"邛笼"，即碉楼，现已不建，然石屋相沿至今。

羌民居住的石屋大多筑于高半山山腰台地，靠近泉水，少数居高山河谷地带，三五家、七八家聚住一起，石屋顺山排列，或高或低，错落有致。

傣族民居

傣族竹楼是一种干栏式住宅。云南西双版纳是傣族聚居地区，傣族人民多居住在平坝地区，那里常年无雪，雨量充沛，年平均温度达21℃，没有四季的区分，在这里，干栏式建筑是很合适的形式。由于该地区盛产竹材，所以许多住宅用竹子建造，称为竹楼。粗竹子做骨架，竹编篾子做墙体，楼板或用竹篾，或用木板，屋顶铺草。竹楼用料简单，施工方便而且迅速。竹楼的平面呈方形，底层架空，多不用墙壁，供饲养牲畜和堆放杂物。楼上有堂屋和卧室，堂屋设火塘，是烧茶做饭和家人团聚的地方；卧室一般有三到五间，视家庭成员的多少而定。外有开敞的前廊和晒台，前廊是白天主人工作、吃饭、休息和接待客人的地方，既明亮又通风；晒台是主人盥洗、晒衣、晾晒农作物和存放水罐的地方。这一廊一台是竹楼不可缺少的部分。这样的竹楼一防潮湿，二散热通风，三可避虫兽侵袭，四可避洪水冲击。因为这里每年雨量集中，常发洪水，楼下架空，墙又为多空隙的竹篾，所以很利于洪水的通过。傣族多信佛教，而且禁忌也多，几乎村村都有佛寺，佛寺的对面和侧向不许盖房子；民房的楼面高度不许超过佛寺中佛像座台的台面。

屋里的家具非常简单，竹制者最多，凡桌、椅、床、箱、笼、筐，都是用竹制成。家家有简单的被和帐，偶然也见有毛毡。陶制具也很普遍。

建造新房是傣家人生活中的大事。建房开始之前，首先要选好地址，下基石。接着要准备好8根主柱。由于整个竹楼都是在这8根主柱上建成，选择柱子的材料就成为一件非常要紧的事。当选好的材料抬进村里时，村民都要吹号迎接，泼水祝福。8根柱子中还要分出4根"公柱子"和4根"母柱子"，分别以男人的衣服和女人的衣服覆盖在柱子上以示区别。建盖房子时，全村人都会来帮忙，这是傣家人的传统。届时，主人要准备丰盛的酒菜招待来帮忙的村民和来祝贺的亲戚朋友。

参考网址

http：//www.xici.net/b704886/d72537706.htm（羌族碉楼）

http：//www.lvyou114.com/minzu/daizu‑jz.html（傣族建筑）

（教师）
笔记

六年级下册

给母校的留影

一、可进行民族团结教育的课程

北京市义务教育课程改革实验教材《小学美术》第十二册第十一课。

二、进行民族团结教育的切入点

1. 在讲授"在校园中选景"这部分时，提醒同学们我们学校是回民小学，要选取能突出本校特色的民族景物作为背景。

2. 在拍摄着重表现人物特征的照片时，同学们可以穿上自己的本民族服装。

三、教学目标

了解我校回族建筑特点，培养学生对母校的热爱之情。

四、教学建议

通过在校园中选景，让同学们了解回民小学是东城区唯一一所具有回族建筑特点的小学。

五、教学资源

文字参考资料

回族建筑多圆顶式，即阿拉伯式。通常采用白、蓝、绿等冷色。开孔即出入口和窗，一般是尖拱，或是马蹄拱或是多叶拱。回族建筑上的纹样题材、构图、描线、敷彩皆有匠心独运之处，其中有动物纹样、植物纹样、几何纹样、文字纹样等，并且以一个纹样为单位，反复连续使用。由阿拉伯文字构成的装饰性纹样，多是《古兰经》上的句节。

（教师）
笔记

品德与生活篇

二年级上册

祖国在我心中

一、可进行民族团结教育的课程

北京市义务教育课程改革实验教材《品德与生活》二年级上册第一单元第四课。

二、进行民族团结教育的切入点

在学生收集祖国名胜古迹的资料过程中，引导学生了解风景名胜所在的地区都聚居着哪些民族。

三、教学目标

让学生初步了解祖国各民族地区的风景名胜，激发学生热爱祖国及民族大家庭的情感，培养民族自豪感。

四、教学建议

本节课的知识点是：通过初步了解祖国的风景名胜，知道一些有关祖国的基本知识，激发学生热爱祖国的情感，培养学生收集信息、处理信息的能力以及语言表达能力。在教学过程中，教师可以在学生收集祖国名胜古迹资料的过程中，引导学生了解风景名胜所在的地区聚居着哪些民族，培养学生的学习能力，既进行民族教育，又增强学生对各民族的了解和热爱，激发爱国情感。

教学内容应针对二年级学生的年龄特点，多采用投影、图片等直观的呈现方式，帮助学生了解风景名胜所在地民族的特点。可以

**(教师)
笔记**

采用表格形式，帮助学生对课前收集的信息进行整理和归纳。

让学生收集有关祖国名山大川的照片、图片、明信片以及自己游览过的风景名胜区的照片、门票，具有特色的小纪念品等。

教师可引导学生分成小组，以"小小导游团"的形式模拟旅游活动，组织学生在小组中介绍自己游览或收集到的有关祖国名山大川、人文景观的资料，评选优秀的"导游团"。

二年级学生受知识和经验所限，只能是初步认知和体验，教学中以组织学生交流、领略、欣赏；激发爱国情感为主，其他不做过多、过高的要求。

五、教学资源

参考网站

http：//www.ccots.com.cn（中国商务在线旅游网）

http：//www.fjms.net（福建旅游美食网）

教学设计参考

教学流程	教学时间	教师活动	学生活动	阶段目标
活动：祖国真美丽	20分钟	师：同学们，大家利用节假日跟随家人游览过祖国各地的风景名胜吗？今天咱们班组织一支旅游团，到祖国各地的风景名胜去走一走、看一看。你们谁愿意参加旅游团，和老师一起进行一次旅游？		初步领略祖国的大好河山激发学生积极的爱国情感。
		播放有关祖国风景名胜的影视资料。（视频和幻灯片中展示内蒙古草原、西藏布达拉宫、新疆吐鲁番遗址、云南丽江等少数民族和祖国各地的风景名胜）	观看介绍祖国风景名胜的影片。	通过资料展示，丰富对祖国的了解。

教学流程	教学时间	教师活动	学生活动	阶段目标
		师：同学们课前也收集了很多反映祖国名川大山的资料，现在就请同学们在小组中展示和介绍自己收集的资料和图片。（教师注意观察学生小组介绍中涉及少数民族的风景名胜）	展示、讲解、交流自己收集的资料。	进一步加深对祖国风景名胜的认识和了解；表达自己的爱国之情；并在共同配合中，体验与同学合作的快乐。
		组织小组交流。师：现在，由我们同学自己担任小导游，把你自己去过的地方介绍给老师和同学们。我们以小组为单位进行资料展示，并向大家介绍自己去过的风景名胜。（教师引导学生在介绍风景名胜的同时，简单说说生活在当地的民族和待客风俗礼仪等）	以小组为单位进行资料展示，并向大家介绍祖国风景名胜和自己去过的风景名胜的图片和相关资料，包括布达拉宫、蒙古草原、葡萄沟、丽江等具有民族特色的风景胜地。	
		师：同学们介绍展示了祖国各地的风景名胜，其中西藏布达拉宫、内蒙古呼伦贝尔大草原、新疆吐鲁番遗址、云南丽江等少数的风景更是给我们留下了非常美好的印象，同学们你们知道在这些美丽的地方都聚居着哪些少数民族吗？	学生回答：聚居着藏族、蒙古族、维吾尔族、白族等少数民族的人们。	
		师：同学们，通过刚才的游览，你有哪些感受？	表达自己的内心真实的情感体验。	
		小结：在刚才的游览中，同学们欣赏到祖国各地迷人的景色，了解到很多具有民族特色的风景胜地，因祖国的山河如此壮美而惊叹和自豪。		
其他活动（略）				

（教师）
笔记

125

好玩的玩具

一、可进行民族团结教育的课程

北京市义务教育课程改革实验教材《品德与生活》二年级上册第三单元第一课。

二、进行民族团结教育的切入点

从学生喜爱的玩具入手，引导学生收集各民族特有的玩具，在此过程中了解民族文化。

三、教学目标

通过对具有民族特点的玩具的采访调查活动，让学生在了解玩具的发展变化及其种类、特点的过程中，了解民族特有的文化。

通过对各民族特有玩具发展变化、玩法的介绍、交流，体验玩具给生活带来的乐趣，激发学生探究玩具里的科学的兴趣。

四、教学建议

通过让学生课前分组收集、调查有关民族玩具的材料，课上介绍交流了解到的民族玩具的相关知识并和同学一起玩玩具，感受玩具带来的快乐体验。

通过收集民族玩具，展示交流玩具的特点、玩法与收藏的方法等活动，培养学生的观察能力和表达能力，引导学生了解玩具中蕴含的民族风俗和文化特点，并养成讲卫生和玩具玩完后要妥善放置的良好生活习惯。

中国传统的民族玩具种类很多，流传很广，陪伴着一代又一代人成长，深受人们的喜爱。教师在教学中抓住学生的兴趣点，结合民族玩具的特点，引导学生体验玩具带来的乐趣，并注意让学生感悟玩具中蕴含的民族文化，激发学生探究的兴趣。对于二年级学生来说，引导要由浅入深，循序渐进，选用实物、图片、视频等直观的教学呈现方式最好。

五、教学资源

教学设计参考

教学流程	教学时间	教师活动	学生活动	阶段目标
活动一：看一看、说一说从前的玩具	3分钟	1. 课件展示：教师收集整理的上一辈人小时候玩的玩具。 2. 教师指导学生进行展示、交流。	1. 学生介绍自己收集调查的老一辈小时候玩的玩具（图片、实物等）。 2. 小组交流介绍：根据采访对象、玩具名称、制作材料、玩法、等内容等进行小组交流。	激发兴趣，调动积极性，初步感知从前的玩具特点。
活动二：说一说、玩一玩从前的玩具和现在的玩具	30分钟	1. 教学根据学生发言适时的补充、点拨、总结等。 2. 演示课件：民族传统的玩具、包括贵州苗族特有的玩具"泥哨"、白族人民就地取材制作的玩具、民族传统玩具空竹、风筝等。 3. 教师讲解：民族传统玩具种类繁多，充满着各族人民的智慧和创造力。发展到今天，很多传统玩具已经成为民间工艺品、旅游纪念品，还有一些玩具成为体育竞赛和技巧表演的工具，还有的结合现代声、光、电、遥控等高技术，发展成为现代玩具。 小结：现在的玩具主要包括毛绒玩具、塑胶玩具、电子玩具、木制玩具、金属玩具、皮质玩具、儿童汽车以及其他玩具等，加进了很多现代的成分。玩玩具不仅丰富了我们的生活，带给我们无穷的乐趣，在玩的过程中，还学到了很多东西。	1. 继续小组交流：重点交流从前玩具的玩法。（合适的内容可以进行活动展示，如：抖空竹、九连环、推铁环等） 2. 讨论：从前的玩具主要是什么样的？有什么特点？ 3. 观看课件。 4. 小组活动：展示现在自己的玩具。 5. 玩一玩这些玩具。 6. 讨论现在的玩具有哪些类型？ 7. 你在玩的过程中，有什么体会和收获？什么心情？	进一步认识从前的玩具，展示现代玩具，感知玩具带给生活的乐趣。

（教师）笔记

（教师）笔记

教学流程	教学时间	教师活动	学生活动	阶段目标
活动三：议一议、玩一玩	7分钟	根据同学们对民族传统玩具、现在的玩具的特点作的归纳总结进行补充和归纳。	1. 小组讨论：说说现在的玩具和传统的玩具有什么不同？2. 全班同学一起利用带来的玩具玩一玩。	通过对比发现现在的玩具与从前的区别，在玩中体会到玩玩具时要互相谦让，友爱互助。

（教师）
笔记

二年级下册

亲近大自然

一、可进行民族团结教育的课程

北京市义务教育课程改革实验教材《品德与生活》二年级下册第三单元第一课。

二、进行民族团结教育的切入点

在介绍自然风景时，引导学生认识和了解少数民族自然景区具有的特点和文化；在介绍卵石的知识时，引导学生了解用大卵石搭建石屋是布依族等少数民族民居的特有方式。

三、教学目标

1. 知道大自然是由蓝天白云、青山绿水、动植物、日月星辰等构成的，了解祖国有许多自然风景区是少数民族群众的聚居地。

2. 初步了解卵石的形态特点以及与人们生活的关系，了解石屋是布依族等少数民族的民居方式。

3. 拓宽学生的知识面，激发学生对自然的热爱之情。

四、教学建议

学生在课堂上进行介绍、交流时，教师结合学生介绍内容，引导学生了解资料中涉及到的有关民族知识。

学生在观察、资料展示、交流的过程中展示、感受大自然的美丽与神奇，通过参与比较、绘画、动手制作的活动，了解云、卵石

（教师）笔记

的形态特点。

教师在学生介绍、展示的过程中，适时加以引导和渗透，让学生初步了解即可，不需重点强调。

五、教学资源

场馆资源

北京中华民族园（主要参观少数民族的石屋）。

感受丰富多彩的生活——北京特色食品

一、可进行民族团结教育的课程

北京市义务教育课程改革实验教材《品德与生活》二年级下册第四单元第四课。

二、进行民族团结教育的切入点

引导学生了解北京的特色食品中有许多是从少数民族地区流传过来的，并了解这些食品的来历和有关传说。

三、教学目标

增强了学生对北京饮食文化的了解，知道长久以来各民族之间的相互学习、借鉴和融合，促进了中国文化的进步和发展。

四、教学建议

采用体验、合作等学习方法引导学生主动学习。

通过课前调查，课上交流学习、品尝、称赞等活动，让学生了解北京的特色食品。

在引导学生感受北京的饮食文化，激发学生对家乡北京的热爱之情和自豪感的同时，教师适度介绍北京特色食品中有许多是从少数民族地区流传过来的。

五、教学资源

教学设计参考

教学环节	教学时间	教师活动	学生活动	阶段目标
活动一：幸运大搜索	5分钟	导语：前几天你们下午吃加餐时，老师给你们拍下了照片。你看。（出示照片） 下面我们就做个幸运大搜索的游戏活动。请大家一起轻轻数5下，当画面停下来的时候，照片是谁，谁就是被采访的幸运者。 采访的问题： 1. 照片上你正在吃什么？ 2. 你吃的食品是什么名称？知道为什么叫这个名字吗？ 3. 好吃吗？ 4. 你知道拿什么做的吗？ 教师按学生说的食品出示图片，贴在黑板上，这些食品为：驴打滚、糖卷果、萨其马、油香等。 问：这些食品还有一个统称，你们知道吗？ 板书：小吃 讲解：小吃的意思是零食，就是不在正餐时间吃的食品。说起北京小吃，那可算得上历史悠久，源远流长了，不仅品种繁多，而且还形成了北京小吃浓郁的京味气息，专门写老北京的大作家老舍先生曾经说："传统北京风味小吃是中华民族文化的重要组成部分，是宝贵的民族文化遗产。"小吃是我们北京的特色食品，同学们，你们知道吗，北京小吃有好多是从少数民族特有食品中流传发展而来的。你知道有哪些？请给大家介绍一下。 小结板书：北京的特色食品	学生参加游戏。幸运者被采访。 学生回答： 回族特有食品糖卷果，是回族特有的食品，主要由山药、大枣，配以青梅、桃仁、瓜仁等辅料制成，是北京小吃中的名品，深受中外游客的喜爱。 满族小吃萨其马，是满族的名小吃，传说是由一位满族的将军流传下来的。 制法：用鸡蛋和面粉做成细条，经过油炸，拌上蜂蜜、糖浆、瓜子仁等压紧压平，糕面上撒上青红丝，冷却后即成，香甜可口。	通过游戏引发学生对生活的回忆，激发学生的学习兴趣。

续表

教学环节	教学时间	教师活动	学生活动	阶段目标
活动二：食品知多少	5分钟	像这样北京的特色食品还有很多，请你告诉大家还有哪些？ 板书：涮羊肉、烤鸭，品种繁多 学生在课前也收集了有关北京特色食品的资料，请大家分小组进行介绍。	学生回答：涮羊肉是距今已有一千年历史的中国著名佳肴。相传始于我国东北和蒙古族地区。开始称为"煮羊肉"，后流传越来越广，受到汉族和少数民族群众的喜爱。	进一步用学生已有的生活经验，扩展他们的饮食知识。
其他活动（略）				
总结	2分钟	总结：同学们，北京的特色食品真是品种繁多、风味独特、魅力无穷、享誉全世界。我们身为北京人真是感到自豪，从心底里更加热爱我们的北京，也愿意做好北京的宣传员，欢迎各国宾客到北京品尝美味的北京小吃，共同感受北京的饮食文化！		总结提升。

三年级上册

我们都是好邻居

一、可进行民族团结教育的课程

北京市义务教育课程改革实验教材《品德与社会》三年级上册第二单元第四课。

二、进行民族团结教育的切入点

1. 邻里之间要和睦相处、互相帮助、互相谦让，尊重各民族的习俗。

2. 要尊重他人，在与他人相处时，要多为他人着想。

3. 民族团结是社会安定的基础。

三、教学目标

通过学习，引导学生感受人与人之间和睦相处的快乐，学习邻里之间相处的常识，懂得各民族邻里要和谐相处。

四、教学建议

在讲授如何与邻居相处时，可以身边的小事为例。在讲不同民族的邻里之间如何相处时，强调一定要尊重别人的风俗习惯，和睦相处。

(教师)
笔记

五、教学资源

文字参考资料

邻里文明公约

邻里和睦无价宝，互谅互让风格高。

小区卫生同创造，安全防护很重要。

水电煤气要管好，惹出麻烦不得了。

尊老爱幼讲礼貌，不传是非不争吵。

一人有难大家帮，和和美美乐陶陶。

《邻里文明公约》共10句，分别从居民个人修养、公共行为方式、邻里相处之道等方面，对邻里关系进行了规范和约定。据了解，这是西安首个由媒体、政府相关部门面向社会公开的"邻里文明公约"，为建设和谐社区提供了很好的标准，也有助于改善邻里之间的关系。

邻里之间应怎样处理"小事"不伤和气①

在日常生活中，邻里之间免不了要往来。那么怎样才能处理好这一关系，使邻里之间和谐相处呢？

首先，邻里之间要相互帮助和讲信用。每个家庭在日常生活中都会遇上大大小小的困难，这就需要邻里之间互相帮助，能办到的事情要尽量帮忙，别人有了困难，应该积极主动地去帮一把，万不可幸灾乐祸，在一旁看笑话；同时邻里之间还要讲信用，做不到的事情千万不要对别人夸海口，以免误了别人的大事。借邻居的东西一定要及时归还，如果因一时疏忽而延误了归还时间，应当面向人家表示歉意。

其次，多为他人着想，应该考虑自己的兴趣爱好、生活习惯会不会给别人带来苦恼。人和人之间有着很大的区别，尤其是在生活方面，或许你感觉没什么，但说不定你的某些行为有可能就会伤了邻里之间的和气。比如，你是否有喜欢晚上唱卡拉 OK，而且一唱就超过晚上 12 点的习惯；你是否老把洗衣服的水或别的不干净的

---

① 参见《邻里之间应怎样处理"小事"不伤和气》，载《社区》，2009（18）。

污水一出家门就泼在邻里共用的路面上；等等。这些看起来并不起眼的小事是最容易伤了邻居之间的和气的。

最后，要学会礼让与宽容。对邻居要以礼相待，平易近人，切不可视若路人，见面后要主动和别人打招呼，平时对邻居不要苛求，谈得来的，固然可以多接近；谈不来的，也要维持一种有距离的友好态度，切记不要有指桑骂槐的坏习惯。对于邻居不合理的要求和做法，采取"有理、有节"的态度，合理地、妥善地解决处理。

如果邻里之间能在和谐、友好的气氛中朝夕相处，喜庆时大家可以分享快乐，受挫时可以得到安慰，有困难时更可以得到帮助，那真是一种幸事。常言说，远亲不如近邻，只要邻里双方能多一些互让互谅，大事化小，小事化了，何愁不能安居乐业。

我为学校自豪

一、可进行民族团结教育的课程

北京市义务教育课程改革实验教材《品德与社会》三年级上册第三单元第四课。

二、进行民族团结教育的切入点

了解学校的历史和成就以及发展情况。

三、教学目标

了解学校的历史和成就，感受学校的变化和发展，使他们产生自豪感，激发对学校的热爱之情，弘扬各民族和睦相处、团结向上的精神。

四、教学建议

在讲授学校的历史和成就，感受学校的变化和发展时，向同学介绍学校的校园建设以及民族特色。

三年级下册

大家庭中你我他

一、可进行民族团结教育的课程

北京市义务教育课程改革实验教材《品德与社会》三年级下册第三单元第一课。

二、进行民族团结教育的切入点

在讲授社会生活中人与人之间互相依赖的关系时，补充我国各民族平等、团结方面的知识。

三、教学目标

初步了解我国的民族平等团结政策，培养民族大家庭意识。

四、教学建议

在讲授社会生活中人与人之间互相依赖的关系时，向学生指出：在中国，民族平等是指各民族不论人口多少、经济社会发展程度高低、风俗习惯和宗教信仰异同，都是中华民族大家庭的平等一员，具有同等的地位，在国家社会生活的一切方面，依法享有相同的权利，履行相同的义务，反对一切形式的民族压迫和民族歧视。民族团结是指各民族在社会生活和交往中平等相待、友好相处、互相尊重、互相帮助。民族平等是民族团结的前提和基础，没有民族平等，就不会实现民族团结；民族团结则是民族平等的必然结果，是促进各民族真正平等的保障。

民族平等和民族团结作为我国解决民族问题的政策，在中国的宪法和有关法律中得到明确规定。《中华人民共和国宪法》规定："中华人民共和国各民族一律平等。国家保障各少数民族的合法的权利和利益，维护和发展各民族的平等、团结、互助关系。禁止对任何民族的歧视和压迫，禁止破坏民族团结和制造民族分裂的行为。"

（教师）笔记

五、教学资源

文字参考资料

少数民族政策选辑①

坚持民族平等团结

在中国，民族平等是指各民族不论人口多少、经济社会发展程度高低、风俗习惯和宗教信仰异同，都是中华民族大家庭的平等一员，具有同等的地位，在国家社会生活的一切方面，依法享有相同的权利，履行相同的义务，反对一切形式的民族压迫和民族歧视。民族团结是指各民族在社会生活和交往中平等相待、友好相处、互相尊重、互相帮助。民族平等是民族团结的前提和基础，没有民族平等，就不会实现民族团结；民族团结则是民族平等的必然结果，是促进各民族真正平等的保障。

民族平等和民族团结作为我国解决民族问题的政策，在中国的宪法和有关法律中得到明确规定。《中华人民共和国宪法》规定："中华人民共和国各民族一律平等。国家保障各少数民族的合法的权利和利益，维护和发展各民族的平等、团结、互助关系。禁止对任何民族的歧视和压迫，禁止破坏民族团结和制造民族分裂的行为。"

民族区域自治

民族区域自治，是我国解决民族问题采取的一项基本政策，也是我国的一项重要政治制度。民族区域自治制度与人民代表大会制度、中国共产党领导的多党合作与政治协商制度一样，同为我国三大基本政治制度之一。民族区域自治是在国家的统一领导下，各少

---

① 选自《中国的少数民族政策及其实践》白皮书，国务院新闻办公室，1999。

数民族聚居的地方实行民族区域自治，设立自治机关，行使自治权，使少数民族人民当家做主，自己管理本自治地方的内部事务。

民族区域自治是与中国的国家利益和各民族人民的根本利益相一致的。实行民族区域自治，保障了少数民族在政治上的平等地位和平等权利，极大地满足了各少数民族积极参与国家政治生活的愿望。根据民族区域自治的原则，一个民族可以在本民族聚居的地区内单独建立一个自治地方，也可以根据它分布的情况在全国其他地方建立不同行政单位的多个民族自治地方；实行民族区域自治，既保障了少数民族当家做主的自治权利，又维护了国家的统一；实行民族区域自治，有利于把国家的方针、政策和少数民族地区的具体实际结合起来，有利于把国家的发展和少数民族的发展结合起来，发挥各方面的优势。

中国的民族区域自治制度有如下两个显著的特色：一是中国的民族区域自治，是在国家统一领导下的自治，各民族自治地方都是中国不可分离的部分，各民族自治地方的自治机关都是中央政府领导下的一级地方政权，都必须服从中央集中统一的领导。上级国家机关在制定各项政策和计划、进行国家经济文化建设时，必须充分考虑各民族自治地方的具体情况和需要，动员各方面的力量予以帮助和支持。二是中国的民族区域自治，不只是单纯的民族自治或地方自治，而是民族因素与区域因素的结合，是政治因素和经济因素的结合。在中国，实行民族区域自治，既要有利于国家统一、社会稳定和民族团结，又要有利于实行自治的民族的发展和进步，有利于国家的建设。

截至目前，中国有民族自治地方155个，其中自治区5个、自治州30个、自治县（旗）120个。

发展少数民族地区经济文化事业

中华人民共和国成立后，国家尽一切努力，促进各民族的共同发展和共同繁荣。国家根据民族地区的实际情况，制定和采取了一系列特殊的政策和措施，帮助、扶持民族地区发展经济，并动员和组织汉族发达地区支援民族地区。《中华人民共和国民族区域自治法》中，有十三条规定了上级国家机关帮助民族自治地方发展的义务。国家在制定国民经济和社会发展计划时，有计划地在少数民族地区安排一些重点工程，调整少数民族地区的经济结构，发展多种产业，提高综合经济实力。特别是随着近年来中国改革开放的不断深入发展，国家加大了对少数民族地区的投资力度，加快了少数民族地区对外开放的步伐，使少数民族地区的经济发展呈现新的活力。

（教师）
笔记

近年来，为加快少数民族和民族地区的发展，国家还采取了以下三项措施：一是实施西部大开发战略。西部是少数民族的主要聚居区，有40多个民族，人口占全国少数民族人口的71%；全国155个民族自治地方中，有5个自治区，27个自治州，84个自治县（旗）在西部，占西部地区总面积的86.4%。云南、贵州、青海3个多民族省也在西部；湖南的湘西土家族苗族自治州、湖北的恩施土家族苗族自治州及吉林的延边朝鲜族自治州虽不在西部，但也享受西部大开发优惠政策的待遇。因此，西部大开发就是民族地区大开发，就是加快民族地区的发展。

二是开展"兴边富民行动"。这一行动是国家民委落实中央提出的西部大开发的战略，加快边境少数民族和民族地区发展的举措。实施的范围包括分布在我国2.1万公里陆地边界线上的135个县（旗、市）。主要内容有三个方面：一是加大基础设施建设；二是大力培育县域经济增长机制和增强自我发展能力；三是努力提高人民生活水平。截至2002年底，全国"兴边富民行动"实际投入资金已达150亿元，兴建兴边富民项目数万个，2100多万人受益。

三是重点扶持22个人口较少民族的发展。人口较少民族指人口在10万人以下的民族，全国有22个，总人口不足60万人。由于历史、地理等方面的原因，这22个民族发育程度比较低。今后10年内，国家计划每年投入5亿元帮助发展，共50个亿。

培养少数民族干部

大力培养少数民族干部，是实行民族区域自治、解决民族问题的关键。

中国共产党和中国政府历来十分重视少数民族干部的培养，把少数民族干部队伍的状况看作是衡量一个民族发展水平的重要标志。根据不同历史时期的实际情况，党和政府采取了一系列行之有效的措施：一是根据民族工作以及社会发展的需要，通过到各级各类院校培训学习，全面提高少数民族干部素质。二是注重实践锻炼，各地、各部门有计划地开展干部交流、岗位轮换，选派少数民族干部到中央、国家机关和经济相对发达地区挂职锻炼，培养大批少数民族干部，促进少数民族地区经济社会的快速发展。三是在坚持德才兼备原则的前提下，同等条件优先选拔和使用少数民族干部，使少数民族干部在各级党委、政府、人大和政协等领导班子中占有适当比例。

发展少数民族科教文卫等事业

在发展少数民族教育事业方面，国家坚持从少数民族的特点和民族地区的实际出发，积极支持和帮助少数民族发展教育事业。如赋予和尊重少数民族自治地方自主发展民族教育的权利，重视民族语文教学和双语教学，加强少数民族师资队伍建设，在经费上给予特殊照顾，积极开展内地省市对少数民族地区教育的对口支援等。

在发展少数民族科技事业方面，国家采取了许多特殊措施，如重点培养、培训少数民族科技人员，在普通高等院校有计划地招收少数民族学生或举办民族班；帮助少数民族和民族地区引进人才和先进技术设备，改造传统产业和传统产品，扶植提高传统科技，提高经济效益等。

对少数民族地区的卫生事业，国家有关政策强调，要加强少数民族地区卫生队伍的建设，切实做好防病治病和妇幼卫生工作，大力扶持发展民族医药事业等。

在繁荣少数民族文化政策方面，国家扶持和帮助少数民族发展文化事业，组建民族文化艺术团体，培养少数民族文艺人才，繁荣民族文艺创作。

使用和发展少数民族语言文字

中国各民族都有使用和发展自己语言文字的自由和权利。《中华人民共和国宪法》规定："各民族都有使用和发展自己语言文字的自由。""民族自治地方的自治机关在执行公务的时候，依照本民族自治地方自治条例的规定，使用当地通用的一种或者几种语言文字。"《中华人民共和国民族区域自治法》第十条规定："民族自治地方的自治机关保障本地方各民族都有使用和发展自己的语言文字的自由。"第二十一条规定："民族自治地方的自治机关在执行职务的时候，依照本民族自治地方自治条例的规定，使用当地通用的一种或者几种语言文字；同时使用几种通用的语言文字执行职务的，可以实行区域自治的民族的语言文字为主。"第三十七条规定："招收少数民族学生为主的学校（班级）和其他教育机构，有条件的应当采用少数民族文字的课本，并用少数民族语言讲课。""各级人民政府要在财政方面扶持少数民族文字的教材和出版物的编译和出版工作。"第四十七条规定："保障各民族公民都有使用本民族语言文字进行诉讼的权利。"

尊重少数民族风俗习惯

中国各少数民族都有自己的风俗习惯，表现在服饰、饮食、居住、婚姻、礼仪、丧葬等多方面。国家尊重少数民族的风俗习惯，少数民族享有保持或改革本民族风俗习惯的权利。在社会生活的各方面，政府对少数民族保持或改革本民族风俗习惯的权利加以保护。第一，尊重少数民族的饮食习惯。第二，尊重和照顾少数民族年节习惯。第三，尊重少数民族婚姻习惯。第四，尊重少数民族丧葬习俗。第五，在大众传播媒介中，防止侵犯少数民族风俗习惯的事情发生。第六，尊重少数民族改革自己风俗习惯的自由。

尊重和保护少数民族宗教信仰自由

中国是一个有着多种宗教的国家，主要有佛教、道教、伊斯兰教、天主教、基督教等。中国少数民族群众大多有宗教信仰，有的民族群众性地信仰某种宗教，如藏族群众信仰藏传佛教。有一些民族信仰同一种宗教，如我国有 10 个民族信仰伊斯兰教。我国宪法规定："中华人民共和国公民有宗教信仰自由。"在中国，宗教信仰自由，即每个公民有信仰宗教的自由，也有不信仰宗教的自由；有信仰这种宗教的自由，也有信仰那种宗教的自由；在一种宗教里面，有信仰这个教派的自由，也有信仰那个教派的自由；有过去不信教现在信教的自由，也有过去信教现在不信教的自由。目前，中国有清真寺 3 万座。在西藏，有藏传佛教各类宗教活动场所 1700 多处。

中华人民共和国成立以来的实践证明，中国的民族政策是成功的，走出了一条符合自己国情的解决民族问题和实现各民族共同发展、共同繁荣的正确道路。中国政府相信，随着国家改革开放和现代化建设事业的发展，中国各民族必将得到更快、更好的发展，中国各民族平等、团结、互助的关系必将得到进一步巩固和发展。

（教师）笔记

伸出温暖的手

一、可进行民族团结教育的课程

北京市义务教育课程改革实验教材《品德与社会》三年级下册第三单元第三课。

二、进行民族团结教育的切入点

结合"汶川地震"，讲述在抗震救灾中体现出来的中华民族伟大的凝聚力。

三、教学目标

弘扬中华民族"一方有难，八方支援"、团结一心、不屈不挠的精神，培养学生的社会服务意识和社会责任感，增强民族大家庭意识。

四、教学建议

在讲授爱心传递时，结合"汶川地震"，讲述在抗震救灾中体现出来的中华民族伟大的凝聚力。让学生了解大灾就是大难。大难如大考，考验着一个民族的凝聚力、领导力和执行力；如炼炉，熔炼出一个民族的脊梁和英雄本色；如学校，启示着一个民族从灾难中学到更多的东西，增长新的本领。多难兴邦。没有一个民族的复兴之路是一帆风顺的。从灾难中走出来的中国，必将更加强大，更加成熟，发展的脚步更加稳健。

五、教学资源

文字参考资料

"5·12"大地震见闻及感想①

5月12日，它本来应该是白衣天使的节日，而在今年，它却成了四川人民一个终身都不能忘记的噩梦。因为这一天，四川汶川发

---

① 以下资料选自北京市义务教育课程改革实验教材《品德与社会》六年级上册第二单元"让中国走向世界"主题4"中国壮举感动世界"，题目为编者所加。

生了罕见的 8 级大地震。霎时间几乎整个汶川被夷为平地，更令我心痛的是，在这次地震中，死亡的多数的都是正在茁壮成长的祖国花朵。

在这次地震中，有太多令人感动的事迹，但是，有几个故事让我至今难忘。

一个老师，他叫谭千秋，是德阳市东汽中学的教导主任，他在地震发生时双臂张开趴在一张课桌上，死死地护着桌下的 4 个孩子。孩子们得以生还，他们的谭老师却永远地去了……

袁文婷老师，26 岁，什邡市师古镇民主中心小学教师。她娇小玲珑，但灾难发生时，教室里的很多孩子都吓得呆坐着，不知所措，是她用柔弱的双手一次次地把自己的学生从三楼抱下楼，当她最后一次冲上三楼的时候，楼房垮塌了……

（教师）笔记

5·12 地震已经过去了，可是地震带来的灾难却还在不断加大。断垣残壁的房屋面目全非，失去父母的孤儿及失去儿女的老人，为了挽救生命不得不截肢的坚强生命，加上地震带来的唐家山堰塞湖的险情，还有什么比这更残酷，比这更触目惊心？由于政府的高度重视，在第一时间里，我们的部队官兵赶到了救人的最前线。而灾区以外的人群，上上下下都行动起来，每个人都以自己的方式为灾区人民做着力所能及的事。

当我看到：位于震中的汶川武警大队官兵在通信完全中断的情况下，昨天用电台发出消息，官兵全部自救成功，无一人伤亡，现正在震中全力救人。

当我看到：就在抢救到最关键的时候，因为余震不断和机吊操作，教学楼随时可能坍塌，再进入废墟救援十分危险，几乎等于送死。然而刚从废墟中出来的战士大叫又发现了孩子。几个战士听见了转头又要往里钻，这时余震又来了，一块巨大的混凝土眼看就要往下坍，那几个往里钻的战士马上被其他战士死死拖住。一个刚从废墟中救出一个孩子的年轻战士跪了下来，哭着对拖他的人说："你们让我再去救一个，求求你们让我再去救一个吧！我还能再救一个！"

看到这些，我不禁流泪了，为这些可爱的解放军，为这些真心英雄。

灾难面前，人，是渺小的。孱弱的肉体抵不住万斤的钢筋水泥。无数生命在这场震灾中罹难了。生命无常。

（教师）
笔记

困境面前，人，是强大的。无数人在为废墟下那些素不相识的生命忘我地努力着。大爱无疆。

在这样的灾难面前，让我再一次感动于中华民族的精、气、神；让我再一次为我们的人民子弟兵而骄傲；也让我明白生死边缘，谁才是真的英雄。

废墟中，那3岁小男孩郎铮的一个敬礼！在地震发生10余小时后，满脸是血的北川3岁的郎铮从废墟中被救出。就在武警官兵准备把他转移到安全地带时，他艰难地举起还能动弹的右手，虚弱而又标准地敬了一个少先队队礼。担架上的小郎铮不忘向援救他的官兵叔叔敬礼感恩的举动，让无数的人深受感动。

一名3岁的孩子，一名不谙世事的娇小子，他本该在父母的怀里撒娇。然而无情的天灾让他的童年变得深沉而成熟，他以一个"小男人"的阳刚之气，解读了人性的坚忍不拔——地震可以摧毁我们的房屋，毁坏我们的家园，但永远摧不垮我们的意志，众志成城、万众一心，中华民族钢铁般血性在此得到了最完美、最真切的展现和诠释。汶川县映秀渔子溪小学9岁的林浩在倒塌的校舍自救后，马上用弱小的身体将一名昏迷的同学背了出来。随后，他又重返已倒塌的校舍，又背出来另一名昏迷的同学；幼儿园小朋友任思雨双腿被卡，鲜血直流，救援人员怕她痛苦而救援缓慢，任思雨竟高声地唱起《两只老虎》来安慰救援人员；12岁的女孩李月必须双腿截肢才能救出，截肢中李月咬破嘴皮也没有哼一声，还问救援人员"我是不是最勇敢的"……

北川县城的救援工作目前在艰难地往前走，今天记者在现场目睹了两名幸存者从废墟里被救出来。救援地点在北川县县政府的综合大楼里。这个大楼原本是7层，受地震影响陷入地底下两层。今天早晨，北川县的一名副县长在找人的时候，听到了地震发生前位于第4层的一名幸存者微弱的求救声。获知消息后，江苏省盐城消防支队的特勤中队及时赶来，从早晨8点多就开始实施救援工作。11点多记者赶到现场，当时，那些特勤队员拼命实施救援。伤者所在的位置非常危险，无法用大型机械进行援救。前方救援人员只能像蚂蚁啃骨头一样，通过人工的方式，用所带工具刨了一个洞，一个多小时把这个洞刨开了，有三四十公分的宽度。刨开以后，救援队员进去后就和伤者沟通，叮嘱他千万不要睡觉，然后故意跟他说话，大声喊他。最后到下午 1 点 10 分左右，终于把他从里面拽出来了。记者感到抢险除了勇敢，除了献身精神以外，还有很重要的一点是专业技术。他们用了很多很小但是很顶事的设备，能把东西给撑起来，避免把人夹住，避免垮塌把人压着。还有电动的剪子，一瞬间就把钢筋剪开了。有很多这样非常小巧的设备。今天是救援行动进行的第四天，可以说这位伤者是挑战了生命极限，也是创造了一个奇迹。成功将他营救出来，救援队员们很高兴。第二位幸存者姓徐。他的情况比前面那个人的生命体征差一点。高压 60，低压是 30，血压情况不太好，心跳 120，也属于不太正常。记者看了一下旁边有位女士在哭，她看了一眼伤者，认出那是她的爱人，当时就瘫倒在那，嘴里念着感谢解放军救她的爱人。她也不断地呼唤着伤者，鼓励他一定要坚持住。这位女士一直在焦急地关注丈夫的消息。救援队员经过艰难地努力，终于把这位伤者给救出来了。伤者的手动了一下，出来之后，救援人员为他的脸上盖上毛巾，因为他在黑暗中待太长时间，救援人员担心伤者的眼睛被阳光伤着。特勤队员非常专业，他们在抢救伤员的时候，一只手始终托着伤员的腰往前走，因为他们担心伤者的腰椎受到伤害。地震中，腰椎最容易受到损伤，本来受了一点点伤，如果一震的话，就容易导致伤者瘫痪。

　　记者注意到指挥现场搜救的一位北川县政府副县长，他的家一共 10 口人，他父亲过生日的时候家里有 7 口人，一声巨响，房子垮下来，家人全部压在里面了。他有一个儿子，还在读书。为了抢救伤者，他的嗓子已经哑了，他说公务员就应该干这种事情。

　　北川县里有一个小学的东区有一个孩子被挽救出来了，是因为三个老师抱在一起，就像窑洞式的屏障，把这个孩子保住了。老师们为了救孩子全牺牲了。

　　北川地区的余震还在继续。然而，救援人员已经顾不上危险，一直往前冲。地震是很无情的，人是很渺小的，同时人又是非常伟大的。我们一队一队的战士拿着各种工具往里冲。还有 15 个乡镇也都遭受了不同程度的灾害。有很多战士背着老人，还有一个战士是推着三轮车，拉着一个 99 岁的老太太往前走。刚从家里把他们接出来，往安全的地带转移。一路上，灾民们在往安全的地方走，抢险的人员往危险的地方去。在救人的时候，到处都是丁丁当当的声音。所以我感到人的精神是非常顽强的，也是非常可贵的。基本

（教师）笔记

（教师）
笔记

上今天这一块就是这样的情况。今天救援行动已经进行到第四天了，对于废墟下亟待救援的伤者来说，已经是在挑战生命极限了。

地震发生时，我们正在成都上班，突然摇晃起来，感觉越来越强烈，大多数人第一时间没反应过来是怎么回事，全部从座位上站起来互相打量，其中一位男同事开玩笑说：地震，快跑。大家反应过来，一起开跑，我也跟在其中。走到楼道口，有一个女同事站住了，我推她快跑，她却回身张望，等待。后来我才知道，她在等她男友——她男友也是我们同事。那一刻的慌乱中，生死之际，莫名感动。

好不容易回到家里，东西撒了一地，来不及收拾，都担心余震，拿了衣物和食物，赶快往三环空地跑。出来看到小商店还在开着，心里猜想方便面不会卖到10块了吧？结果没一家涨价。

大家组织在外面过夜了，一齐听车里的声音，电台里说有人需要捐血，而接受捐血的地点只有两个，都离得较远。身边有邻居说话了：走，坐三轮去。走了一会儿又回来了，因为车流太大，确实走不过去。电台又在说：去的人太多了，献血的人已经在排队。那一瞬间突然想哭。

遇到一个熟识的邻居，从天府广场那边回的家，他说路上见到一个交警，嗓音完全哑了，但还是在指挥交通。又说看到华西医院那边上，全是病人，树上挂满了吊瓶。

当时，我们学校的2207名小学生正在上课，强烈的地震摇撼着整幢教学楼，孩子们又怕又慌的，就在这当头，上课的老师和在办公室备课的老师都在第一时间反应过来，一起组织孩子们疏散撤离，短短的不到两分钟时间里，2207名孩子顺利地从4层教学楼上安全到达操场，无一损伤，甚至没有一个人摔倒。这一切缘于我们108位教师的沉着冷静，每一个教师都是扫视完教室后，最后一个离开，一边有序地组织着孩子下楼，一边鼓励安慰着受了惊吓的孩子。而下楼后，我分明看到好几个年轻的女教师脸色苍白，一下子瘫软在了操场上，其实她们也还是个大孩子啊。"其实，自己内心也恐惧不堪，但那一刻，作为教师的责任和使命让你来不及有没有半点的犹豫"，一位老师如是说。这一刻，我被感动了，我们108名教师啊，你无愧于教师的称号！！！

"你们让我再去救一个，求求你们让我再去救一个！我还能再救一个！"一个刚从废墟中带出了一个孩子的战士跪了下来大哭，对拖着他的人说。所有人都哭了，然而所有人都无计可施，只能眼睁睁地看着废墟第二次坍塌。几个小孩子还是被救出来了，但只有一个活着。当那些年轻的战士抱着那个幸存的小女孩在雨中大叫着跑向救援队所在的帐篷时，上天也泣不成声了。

参考网址

http：//china. zjol. com. cn/05china/system/2008/05/17/009522235. shtml

http：//www. my0832. com/11342/blog/27852. html

http：//news. xinmin. cn/domestic/shehui/2008/05/15/1153722. html

（教师）
笔记

147

（教师）
笔记

四年级上册

通信沟通你我他

一、可进行民族团结教育的课程

北京市义务教育课程改革实验教材《品德与社会》四年级上册第二单元第三课。

二、进行民族团结教育的切入点

1. 在讲授"传递真情的绿衣使者"一部分时讲述有关苗族邮递员王顺友的故事《马铃声声》。

2. 在学寄一封信时，可以让学生给自己的少数民族小朋友寄信。

三、教学目标

通过苗族邮递员王顺友的故事，增强学生的民族自豪感和各民族团结奋斗的意识。

四、教学建议

通过讲述《马铃声声》的小故事，让学生讨论：我们应该向这样的邮递员学习什么？

五、教学资源

文字参考资料

王顺友，四川省凉山彝族自治州木里藏族自治县"马班邮路"投递员，中共党员，苗族。2001年被四川省邮政局评为四川省邮政劳动模范；2001年全国"五一劳动奖章"获得者；2005年4月，中共四川省委授予王顺友同志"四川省优秀共产党员"称号，国家邮政局授予王顺友同志"全国邮政劳动模范"称号；2005年5月1日，中华全国总工会授予王顺友同志"全国劳动模范"称号。

一个人。一匹马。一条路。

在绵延数百公里的木里县雪域高原上，一个人牵着一匹马驮着邮包默默行走的场景，成为了当地老百姓心中最温暖的画面。

20年，他一个人跋山涉水、风餐露宿，按班准时地把一封封信件、一本本杂志、一张张报纸准确无误地送到每个用户手中；

20年，他一路奔波不喊累不叫苦，战胜孤独和寂寞，将党和政府的温暖、时代发展的声音和外面世界的变迁不断地传送到雪域高原的村村寨寨，把党和各族群众的心紧紧地连在了一起……

这个人，就是木里藏族自治县邮政局的一名普通的苗族乡邮员；一个20年来每年都有330天以上独自行走在马班邮路上的邮递员；一个在雪域高原跋涉了26万公里、相当于走了21趟二万五千里长征、绕地球赤道6圈的共产党员——王顺友。

四川木里藏族自治县地处青藏高原东南缘，这里高山绵延起伏，全县海拔在5000米以上的大山有20多座，平均海拔3100米，生活和工作条件十分艰苦。王顺友负责的邮路往返里程584公里。1999年，王顺友开始负责县城至白碉乡、三桷桠乡、倮波乡三个乡邮件的投递工作，这条邮路往返360公里，他每月两个邮班，一个邮班来回14天，他每月有28天要徒步跋涉在这苍茫大山中的邮路上。

在这条路上，没人能替他分担这近乎残酷的艰苦，他一肩挑、一人扛。当万家灯火、家人团聚的时候，王顺友只能一个人蜷缩在山洞、牛棚、树林里或露天雪地上，只有骡马与他相伴。冬天一身雪，夏天一身泥，饿了就啃几口糌粑面，渴了只能喝几口山泉水或吃几块冰。到了雨季，他几乎没穿过一件干衣服。由于长年在野外风餐露宿，靠喝酒驱寒，王顺友的身体有一堆毛病，胃病常年伴随他，他的心脏、肝脏、关节也经常受到病痛的折磨。今年才40岁的他，脸色黝黑，眼窝深陷，皱纹有如刀割，爬满了消瘦的脸庞，人看上去似乎50有余。

高山邮路气候恶劣，空气稀薄，道路险恶，行走困难，经常还会遇到冰雹、飞石和野兽的袭击，一个人行走异常危险。当地人走这条山路都是和马帮结伴而行，只有王顺友总是独自一人风雪无阻地行走在这条路上，露宿在荒山野岭，熟识的村民送他一个外号"王大胆"。"王大胆"的胆量已经被考验了无数次。

在这条路上，更没人比他乐观，他苦中作乐，以苦为乐。王顺友是苗族，唱山歌是他从小到大的爱好。大山深处，常常走上一两天都见不到一个人，孤单寂寞时，他就亮开嗓子纵情地高唱山歌："月亮出来照山坡，照见山坡白石头。要学石头千年在，不学半路丢草鞋……"

面对这绝无仅有的困苦，这个外表矮小、干瘦、背驼的男子汉以顽强的意志战胜了孤独寂寞和艰难险阻，每年投递报纸8000多份、杂志700多份、函件1500多份、包裹600多件，为大山深处各族群众架起了一座"绿色桥梁"。正如他自己所说："搞好本职工作是我的责任，再大的苦也要忍了，不能给党丢脸"；"送信就是为党做事，为党做事的人要像个英雄"。

参考网址

http：//baike. baidu. com/view/71689. htm（王顺友）

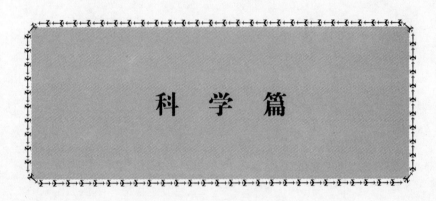

科 学 篇

（教师）
笔记

三年级上册

动物世界

一、可进行民族团结教育的课程

北京市义务教育课程改革实验教材《科学》三年级上册"人与动物"单元第五课。

二、进行民族团结教育的切入点

青藏高原是世界生物多样性最丰富的地区之一，栖息着许多珍贵的野生动物，黑颈鹤就是其中的一种。生活在那里的各族村民对黑颈鹤加以保护，使其数量得以提高，当地的环境也有所改善，这说明爱护动物就是爱护人类自己。

三、教学目标

1. 通过教学，使学生知道自然界里的动物是多种多样的。
2. 通过教学，使学生简单了解青藏高原地区栖息着许多珍贵的野生动物，我们要保护野生动物的生存环境。

四、教学建议

在讲授自然界里的动物多种多样的时候介绍：动物是生物中的一大类，大约有150多万种。动物的生理结构、生活习性等决定了其所需的生存环境，因而地球上不同区域有不同的与环境和谐相处的动物。

提问：我国的动物国宝大熊猫，你知道为什么珍贵吗？

（教师）笔记

启发学生：因为世界上仅我国才有，且数量少，又因自身繁殖困难，故而珍贵。

进而介绍青藏高原是世界生物多样性最丰富的地区之一，是世界山地生物物种的重要起源地和分化中心。这里拥有世界珍稀濒危植物 30 多种，珍稀野生动物 100 多种。青藏高原由于具有世界上独一无二的生物资源和地理气候条件，是许多珍奇野生动植物繁衍生息的天然领地，其中黑颈鹤就是其中之一。

五、教学资源

文字参考资料

黑颈鹤是世界现存 15 种鹤类中唯一生活在高原的鹤类，有"鸟类熊猫"之称，为中国特有的珍贵鸟类，国家一级保护动物。黑颈鹤是大型飞行珍禽，全长约 120 厘米，全身灰白色，颈、腿比较长，头顶和眼呈暗红色，头顶布有稀疏发状羽。除眼后和眼下方具有一小块白色或灰白色斑外，头的其余部分和颈的上部约 2/3 为黑色，故称黑颈鹤。杂食，以植物的根、昆虫、鱼、蛙以及农田中残留的作物种子等为食。主要栖息在海拔 2500～5000 米的高原，是候鸟，每年夏季在青藏高原繁殖，冬季在南方越冬。

黑颈鹤是我国特有的珍稀禽类，驰名世界，具有重要的文化交流、科学研究和观赏价值。鹤在民间被奉为"神"，历来受到人们尊崇和保护。云南昭通大山包黑颈鹤国家自然保护区建于 2003 年，保护黑颈鹤的地方性法规《云南昭通大山包黑颈鹤国家级自然保护区条例》，于 2009 年 1 月 1 日起施行，旨在加强保护这一濒危野生动物。

黑颈鹤生存所面临的威胁主要是高原地区湖泊的开发利用、渔场建设、公路修筑，以及大规模排水及沼泽改造、游牧区域扩展等。这些人类活动使得沼泽干涸，面积不断减少，干扰了黑颈鹤的正常栖息。人类对湿地的开发，使这些高原涉禽正面临丧失家园的威胁。

由于持续的干旱导致湿地萎缩，湿地内的高原鱼也因水少而大量死亡，以高原鱼为主要食物的黑颈鹤，现在也面临着食物短缺的困境。为防止食物短缺，当地藏族同胞将沙袋阻塞在湿地周围，防止湿地水位继续下降。

饲养的动物

（教师）
笔记

一、可进行民族团结教育的课程

北京市义务教育课程改革实验教材《科学》第一册"人与动物"单元第六课。

二、进行民族团结教育的切入点

知道牦牛是生活在青藏高原的动物之一，借此了解动物与人类的关系。

三、教学目标

使学生简单了解青藏高原地区的特有动物——牦牛的方法，唤起学生保护动物的意识。

四、教学建议

在讲授动物与人类的关系时介绍：随着人们生活水平的提高和农业技术的发展，根据各地区的物种状况，结合当地经济发展的情况，人们饲养的动物品种发生了重大变化，如北京郊区开始饲养虹鳟鱼、鸵鸟等。

西藏地区加快牦牛乳业化发展，带动牧民增收。近年来，在充分调研论证的基础上，当地积极引导群众发展奶牛养殖，为促进牦牛育肥向专业化、区域化方向发展探索经验，采取统一饲养技术标准、统一育肥、统一免疫、统一出售，走出了一条"公司＋农户"的产业化经营之路，在促进西藏发展，带动群众增收致富中作出了积极贡献。

牦牛被称作"高原之舟"，是青藏高原高山草原特有的牛种。牦牛能爬上海拔6400米的冰川，耐零下30℃～零下40℃的严寒，生长在海拔3000～5000米的高寒地区。牦牛全身一般呈黑褐色，身体两侧和胸、腹、尾毛长而密，四肢短而粗健。它是高原牧区的主要家畜之一，为乳、肉、役兼用型万能家畜。牦牛角可制成工艺品，骨头是药材，牦牛粪可做燃料。

五、教学资源

文字参考资料

牦牛业一直是高寒牧区重要的经济基础和支柱产业，发展牦牛业对提高藏区人民的生活水平、繁荣牧区经济具有重要的意义。随着我国加入世界贸易组织和全球经济一体化进程加快，被称为"绿色食品"的高原牦牛产品展示出良好的开发前景。

牦牛除了有较强的驮运和拉力外，其肉可食，其乳可饮，其毛皮可用。从牦牛奶中榨取出的酥油，是高原地区人们的主要食油。牦牛皮质地坚韧，光泽耐磨。牦牛绒可纺成上等牛绒；牦牛捻成的绳子富有弹力和光泽，结实耐用；做成的帐篷御寒能力很强，至今仍是牧民们重要的住舍。牦牛尾巴制成的"毛掸"，蓬松耐用，拂尘力强。生长在青藏高原的牦牛食用纯天然牧草，其肉、奶不仅营养价值高，而且是纯"绿色食品"。牦牛肉干、牦牛壮骨粉、牦牛绒衫、牦牛制品等，在市场上展示了较好的开发前景。

在西藏登山与其他地方不同，由于高海拔缺氧，又多为雪山，登山难度大。在西藏几十年的历次登山活动中，队员们沉重的登山装备和生活必需品，上到海拔 6000 米的前进营地时，主要靠牦牛往上驮，不然，登山活动的要想顺利进行简直不可想象。

曾几何时，由于受到经济利益的驱使，捕杀野牦牛、藏羚羊等野生动物的行径十分严重。令人高兴的是，随着人们保护环境意识的增强，野牦牛慢慢又来到人的身边。目前它主要分布在人烟稀少的青藏高原北部，是青藏高原特有的物种，也是我国珍贵的动物资源，已被列为国家一级重点保护动物。现在当地加大了野外巡逻力度，严厉打击偷盗猎等违法行为，人与野生动物和谐相处的局面正在悄然形成。

牦牛在牧民的生活中起着重要的作用。牧民帐房的外层篷布是由牦牛毛编制而成的。春秋两季，牧民的帐房和家什由牦牛驮运，逐水草而居，在牧场和村落间迁徙往来。青稞上场后也用牦牛踩场。

三年级下册

铁、铜、铝

一、可进行民族团结教育的课程

北京市义务教育课程改革实验教材《科学》三年级下册"地下资源"单元第十六课。

二、进行民族团结教育的切入点

内蒙古白云鄂博矿区蕴藏着丰富的地下资源，矿区的开采，是蒙古、汉两族人民团结共同奋斗的成果。

三、教学目标

通过教学，使学生对内蒙古白云鄂博铁矿床区有初步懂得了解，增强民族自豪感和各民族团结奋斗的意识。

四、教学建议

在教学中介绍"稀土之都、铁矿之雄"——内蒙古白云鄂博矿区。白云鄂博是蒙古语"白音宝格达"的谐音，它的蒙古语意思是"富饶的神山"，历史上是蒙古族牧民世代繁衍生息的神山圣地。现在的白云鄂博矿区是随着白云鄂博铁矿的勘探开发而建设起来的，是以矿石生产为主导的新型工业矿区。白云鄂博矿区的开采，是蒙古、汉两族人民团结共同奋斗的成果。

五、教学资源

文字参考资料

1927 年 7 月，丁道衡随中国西北科学考察团考察途经白云鄂博时，首次发现主峰铁矿体。

1950 年 5 月中旬，北京地质调查所工程师，时年 42 岁的严坤元率领铁矿调查队（后改为 241 勘察队）开进了白云鄂博，开始了长达六年的地质勘探工作。在接受任务之始，严坤元就深知在少数民族地区工作，必须认真执行党的民族宗教政策，紧紧依靠地方党委、政府的支持。严坤元既是白云鄂博地质的奠基者，又是铁—稀土矿床勘探工作的开拓者，他不仅为勘探白云鄂博铁—稀土矿床作出了重大贡献，还为贯彻党的民族、宗教政策和增进民族团结立下了功劳。

白云鄂博历史上是当地蒙古族牧民的神山圣地，每年农历五月间，数百里之内的牧民聚集于此，举行盛大的"祭敖包"活动，并召开"那达慕"盛会。1927 年丁道衡先生首次发现了白云鄂博矿山，从此，白云鄂博逐渐为世界所瞩目。

白云鄂博矿是一座世界罕见的多金属共生矿床，分布在东西长 18 公里，南北宽约 3 公里，总面积 48 平方公里的范围内。现已探明矿体内蕴藏着 160 多种矿物，70 多种元素。矿物种类主要有铁、铌和稀土矿物。其中铁矿储量 9.5 亿吨，铌矿储量 519 万吨，稀土矿工业储量 3600 万吨，储量占全世界的 36%，占全国的 90% 以上，因而被誉为"稀土之乡"。另外，还蕴藏着铜、石英石、萤石、磷灰石、软锰矿等多种矿物。白云鄂博现在是包头钢铁公司的主要原料基地，对内蒙古自治区和全国乃至世界的经济发展发挥着举足轻重的作用。

地质学家严坤元带领的地质队由蒙古族骑兵连和汉族步兵加强排护送，组成的百人队伍登上白云鄂博山顶，这象征着蒙汉两族人民共同吹响了勘探工作的号角，曾经的神山成为现在的"富矿"，从而成就了包钢和包头"草原钢城"的美誉。在矿床勘探过程中，得到地方党委、政府和当地蒙古族同胞的大力支持和帮助。人民解放军蒙古族子弟兵不仅担负着保卫勘探任务，而且在牧民中进行了大量的宣传解释工作，为沟通勘探队和牧民之间的了解和促进民族团结起到了很大作用。因此，可以毫不夸张地说，在白云鄂博铁—

稀土矿床上，成功谱写了一曲蒙古族、汉族人民团结奋斗的颂歌。

石油和天然气

一、可进行民族团结教育的课程

北京市义务教育课程改革实验教材《科学》三年级下册"地下资源"单元第十八课。

二、进行民族团结教育的切入点

新疆地区蕴藏着丰富的石油资源，当地的少数民族同胞为国家石油事业作出了巨大的贡献。

三、教学目标

通过教学，使学生了解到新疆地区蕴藏着丰富的石油资源，当地的少数民族同胞为国家石油事业作出了巨大的贡献，增强民族自豪感和各民族团结奋斗的意识。

四、教学建议

在教学中介绍新疆地区蕴藏着丰富的石油资源。石油远景预测储量为 209.2 亿吨，天然气远景预测储量为 10.85 万亿立方米，分别占全国石油和天然气远景预测储量的 30% 和 34%，油气资源总量居全国之首。当地的少数民族同胞为国家石油事业作出了巨大的贡献。

五、教学资源

文字参考资料

新中国成立初期，石油地质学家们遇到了一道难题：准噶尔盆地到底哪里有石油？当时的新疆石油公司决定在黑油山南区打一口探井——黑油山 1 号井。1955 年 7 月 6 日，黑油山 1 号井正式开钻，承钻的是由 8 个民族的 36 名工人组成的 1219 青年钻井队。10 月 29 日，黑油山 1 号井喷出油气，新中国第一个大油田——克拉玛依油田由此发现。从此，"克拉玛依"这个象征着吉祥富饶的名字传遍了五湖四海，这是大庆油田投入开发前全国最大的油田。如今的克拉玛依已经建设成为一个依托石油立体发展的工业城市，成为我国最大的石油基地。

克拉玛依位于新疆准噶尔盆地西北边缘。在独山子油矿北约130公里处，有一座"沥青丘"，这里像山泉一样流出的不是水，而是黑色的油。当地人把这里叫做"黑油山"，维吾尔语即"克拉玛依"。

1219钻井队由8个民族的队员组成，但大家的目标只有一个，那就是"不出油不死心"。正是在这种精神的鼓舞下，各组队员相互激励，并肩作战，头顶烈日，脚下踩着戈壁的酷热，这种环境也没有让各族队员产生一丝动摇，最终在1955年10月29日成功拿下1号井。

50多年前，一支由维吾尔、哈萨克、汉等多民族组成的石油队伍，吹响了建设新中国第一个大油田的号角。在克拉玛依发展历程中所取得的每一项重大成就，都是由各民族共同的心血和汗水凝结而成。生活在这片土地上的哪一个民族，都没有理由不珍惜饱含自己心血和汗水的成果；都没有理由不更加紧密地团结奋斗，去创造属于自己的更加辉煌的明天。

改革开放以来，新疆在经济和社会发展方面取得了巨大成绩，在维护国家统一和各民族团结方面作出了巨大贡献。从发展前景看，新疆具有一定的资源优势，更蕴藏着巨大的发展潜力和市场潜力。国家在开发新疆能源和矿产资源中，充分照顾新疆各族人民的利益，随着国家对自治区支持力度的加大，新疆资源优势会更快地转化为经济优势，新疆各族人民将会从中获得更多的好处。

各民族间的团结合作、共同奋斗，让克拉玛依战胜了油田开发初期出现的困难。依然是靠着这份难能可贵的民族深情，让克拉玛依经受住了事关稳定的生死考验。少数民族群众的生活质量有了大幅度提高，少数民族与汉族之间结下了血浓于水的感情。只有民族团结工作的蒸蒸日上，才会有克拉玛依各族人民之间的紧密团结和深厚情谊，才会有克拉玛依各族人民共同进步，共同和谐的今天。

新疆是中国天然气资源大区，预测天然气资源量超过10万亿立方米。准噶尔、塔里木、吐哈三大盆地是新疆油气储存量最为丰富的地区。新疆石油天然气产业迅速发展，油气勘探重大发现不断，已成为我国油气产量增长的主要地区。随着西部大开发战略的实施和西气东输工程的建成营运，新疆新一轮大规模油气勘探开发建设正全速推进，形成了由东到西、由北到南三大盆地油气勘探开发全面展开的态势，新疆已成为我国石油天然气工业最大的战略接替区。

参考网站

http：//www. xjetc. gov. cn（新疆维吾尔自治区经济和信息化委员会网站）

(教师)
笔记

四年级上册

各种各样的叶

一、可进行民族团结教育的课程

北京市义务教育课程改革实验教材《科学》四年级上册"植物的茎和叶"单元第五课。

二、进行民族团结教育的切入点

在讲解仙人掌生长地区时，引出对少数民族聚居区新疆的介绍，知道新疆的塔里木盆地和塔克拉玛干大沙漠都长有仙人掌。

三、教学目标

让学生知道塔里木盆地和塔克拉玛干大沙漠都长有仙人掌，增加民族知识。

四、教学建议

出示仙人掌。

提问：仙人掌生活在什么地方？（沙漠）

讲解：在我国少数民族聚居地新疆的塔里木盆地和塔克拉玛干大沙漠都生长着仙人掌。

五、教学资源

文字参考资料

仙人掌，是双子叶显花植物（特征为具两片子叶）的一类，属石竹目仙人掌科。仙人掌植物是个大家族。墨西哥的仙人掌最多。仙人掌被墨西哥人誉为"仙桃"（我国云南少数民族地区也有把仙人掌果作为水果的习惯）。当地有个优美的传说：一只巨大的山鹰叼着一条蛇，为寻找栖身之地，到处飞翔。当它落到一丛开满黄花的仙人掌后，再也不愿意离开。从此，墨西哥人便在这富有生机的地方建立起自己的家园——墨西哥城。

仙人掌为肉质多年生植物。虽然少数种类栖于热带或亚热带地区，但多生活在干燥地区。仙人掌的茎通常较肥厚，含叶绿素，多数种类的叶或消失或极度退化，从而减少水分所由丢失的表面积，而光合作用由茎代行。

仙人掌茎的内部构造与其他双子叶植物一致，在内方的木质部与外方的韧皮部之间有形成层。但茎的大部分由薄壁的贮藏细胞组成，细胞内含黏液性物质，可保护植株，避免水分的流失。仙人掌的茎是主要的制造养分和贮藏养分的器官。

少数仙人掌种类能在近地水平生出小植株，从而进行无性繁殖。各种仙人掌的组织颇为一致，故一种仙人掌植株的末端部分可以嫁接到另一个种植株的顶部。

仙人掌被广泛栽种。在南美，仙人掌属和山影掌属以及其他一些种类常被用来作为活篱笆；在某些荒漠地区，木质的柱状仙人掌类常被用做燃料；圆桶掌（猛仙人掌属和仙人球属）在紧急情况下被当做水源。

声音的产生

一、可进行民族团结教育的课程

北京市义务教育课程改革实验教材《科学》四年级上册"声与生活单元"单元第十六课。

二、进行民族团结教育的切入点

在认识了声音是由物体振动产生的这一概念后，学生可利用民族乐器弹拨或吹，验证声音是由物体振动而产生的，并能真正感觉到这些物体的振动。

三、教学目标

在了解声音产生原理的同时，增加对一些民族乐器的感性认识。

四、教学建议

出示葫芦丝、腰鼓与琵琶。

简单讲解：琵琶、腰鼓、葫芦丝是我国有名的民族乐器，在少数民族中使用很广泛。

实验1：弹拨琵琶

观察：琵琶有没有发出声音，手有没有振动的感觉。

实验2：打腰鼓

提问：手有什么感觉？

实验3：吹葫芦丝

提问：手有什么感觉？

小结：通过弹拨琵琶、打腰鼓、吹葫芦丝，我们进一步证明了声音是由物体振动产生的。

五、教学资源

文字参考资料

葫芦丝主要流行于傣、阿昌、佤、德昂和布朗等族聚居的云南德宏、临沧地区，富有浓郁的地方色彩。

傣族人民多才多艺，能歌善舞。在节日里，不论是在江中划龙舟或是在江边放"高升"（用竹筒制作的土火箭），还是在广场上"赶摆"或是在竹楼里饮酒欢宴，都可以听到葫芦丝动听的声音。每当听到葫芦丝亲切优美的音乐，总能让人情不自禁的联想到佳木葱茏的傣家山寨，凤尾竹掩映下的竹楼婆娑多姿孔雀舞欢乐祥和的泼水节，同时也让人们感受到民族乐器的美感。

安塞腰鼓源远流长，极具有民族特色，风格独特，它融舞蹈、歌曲、武术于一体，具有队形多变，刚劲豪放的特点，它能弘扬和传承精神文明。今天安塞腰鼓已走出黄土高原，它以其粗犷奔放的形象传遍全国，也展示了安塞人坚忍不拔，顽强拼搏，威武不屈的意志和对生活豁达乐观质朴向上的品格风貌。"腰鼓"是陕北各地广泛流传的一种民间鼓舞形式，尤以延安地区的安塞县、榆林地区的横山、米脂、榆林等地最为盛行，是陕西民间舞蹈中具有较大影响的舞种之一。

南北朝时，通过丝绸之路与西域进行文化交流，曲项琵琶由波斯经今新疆传入我国。曲项琵琶为四弦、四相（无柱）梨形，横抱用拨子弹奏。侗族琵琶，流行于黔东南及湖南、广西地区，在侗族音乐生活中多由男子使用，常用于独奏及侗歌伴奏。

（教师）
笔记

四年级下册

爱护地球家园

一、可进行民族团结教育的课程

北京市义务教育课程改革实验教材《科学》四年级下册"共有的家园"单元第八课。

二、进行民族团结教育的切入点

1. 地球是各民族共有的家园，爱护地球家园就是爱护人类自己。

2. 在讲解人类破坏地球的同时，讲解藏羚羊惨死在人类的屠刀下，与此同时，人类也受到大自然的惩罚。

三、教学目标

1. 通过教师的讲解，使学生知道地球是各民族共有的家园，爱护地球家园就是爱护人类自己。

2. 了解藏羚羊分布在藏族地区，藏羚羊等野生动物遭到人们的捕杀。

四、教学建议

放有关捕杀藏羚羊的录像。

提问：当我们看到活生生的藏羚羊惨死在偷猎者的枪口下的时候，你有何感想？

出示藏羚羊图片。

讲解：大量藏羚羊被猎杀后取绒，藏羚羊绒被卖到国外，获取暴利。在中国境外，1 公斤藏羚羊生绒价格可达 1000 ~ 2000 美元，一条用 300 ~ 400 克藏羚羊绒织成的围巾价格可高达 5000 ~ 30000 美元；一只藏羚羊只能剪取羊绒 100 ~ 200 克。

再来看看其他野生动物被残害的情景。

出示野生动物被残害的图片。

讲解：一根象牙的价值为 25 万元，偷猎者为了自己的利益，肆意捕杀大象，把象牙拔下来，偷卖到国外，以牟取暴利。

现在，人类由于对野生动物生命的扼杀，对大自然的摧残，对地球的伤害，已经受到大自然的惩罚。

五、教学资源

文字参考资料

随着科学的发展、人口的增多，人类的活动空间逐步扩大，人类越来越接近大自然，逼近野生动物，蚕食它们的领地，打破原来与野生动物相邻而居、各得其乐的生存局面。

为了得到藏羚羊身上的珍贵毛皮，偷猎者不惜一批批残杀这些无辜的生灵，牟取暴利。藏羚羊是人类对动物进行大规模商业剥削的典型牺牲品，猎杀藏羚羊是对野生动物资源的严重破坏。在 1992 年一次大规模捕杀藏羚羊的行动中，死伤藏羚羊数不胜数，悲惨景象惨不忍睹。目前，藏羚羊仅存数万只。

（教师）
笔记

五年级上册

纺织面料

一、可进行民族团结教育的课程

北京市义务教育课程改革实验教材《科学》五年级上册"常用的材料"单元第十四课。

二、进行民族团结教育的切入点

元代的黄道婆曾从海南黎族那里学习先进的纺织技术。

三、教学目标

通过黄道婆的故事，使学生懂得各民族之间的交流促进了社会的发展的道理，增强民族自豪感和民族团结意识。

四、教学建议

出示几种纺织材料。

提问：这些纺织面料的名称都是什么？

学生讨论汇报：棉、麻、毛、蚕丝、丝绸、腈纶。

讲解：这些纺织面料都与人类的生活密切相关。

出示黄道婆图片。

讲解：古代时，黎族人的棉纺织技术曾领先于中原汉族，元代的黄道婆就曾向黎族先民学习用木棉絮纺纱，用米酒、椰水、树皮和野生植物作为颜料调色染线，用机杼综线、挈花、织布的纺织印染技术，并比欧洲早 400 年发明出脚踏纺车和织布机，提高了织锦质量，成了"中国古代伟大的女纺织家"。

五、教学资源

文字参考资料

黄道婆出身贫苦，少年时受封建家庭压迫，流落崖州（今海南岛），以道观为家，劳动、生活在黎族姐妹中。当时黎族人棉纺织技术比较先进，黄道婆聪明勤奋，虚心向黎族同胞学习纺织技术，并且融合黎、汉两族人民纺织技术的长处，逐渐成为一个出色的纺织能手，在当地大受欢迎，和黎族人民结下了深厚的情谊，在黎族地区生活了将近三十年。

黎族主要分布在海南。黎族的纺织艺术不仅具有漫长的历史和独特的风格，而且还创造了多种织、染、绣等技术，对我国的棉纺织业的发展作出了重要的贡献。

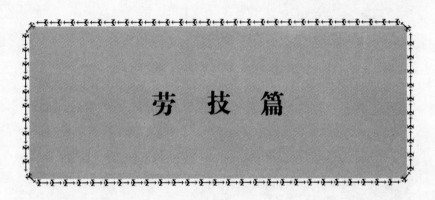

劳技篇

三年级下册

刻 纸

一、可进行民族团结教育的课程

北京市义务教育课程改革实验教材《劳动技术》三年级下册第一单元第二课。

二、进行民族团结教育的切入点

学生通过观察少数民族的民间剪纸工艺作品，初步了解少数民族民间工艺文化。

三、教学目标

了解一些少数民族的民间文化，增强民族自豪感。

四、教学建议

出示剪纸作品让学生观看。

问：你们看这些剪纸作品有什么特点？

学生回答，发表自己的意见。

教师小结：这些剪纸作品题材广泛，造型别致，有花卉、动物、几何形状等。可以做窗花，或贴在墙壁上等，整体感强，极富装饰性。

回族许多妇女从小学习剪纸技艺，回族剪纸是回族文化的重要组成部分。东乡族主要居住在甘肃省的临夏回族自治州境内，东乡族民间剪纸具有浓厚的民族特色。畲族主要分布在福建、浙江、江西、广东等地区，民间工艺美术剪纸很有特色。

（教师）
笔记

五、教学资源

参考网址

http：//image. baidu. com/i？ tn = baiduimage&ct = 201326592&lm = − 1&cl = 2&word = ％C9％D9％CA％FD％C3％F1％D7％E5％B5％C4％BC％F4％D6％BD（少数民族剪纸图片）

立体房屋

一、可进行民族团结教育的课程

北京市义务教育课程改革实验教材《劳动技术》三年级下册第一单元第四课。

二、进行民族团结教育的切入点

通过老师的讲解和学生搜集的相关资料，让学生初步了解一些少数民族房屋的风格特点，打开他们的思路，激发创造力，设计出具有民族特色的纸房屋作品。

三、教学目标

初步了解我国一些少数民族房屋的风格，能设计出具有少数民族风格的纸房屋作品。

四、教学建议

1. 教师出示蒙古包的图片。

提问：这是哪个少数民族的建筑？

学生回答：蒙古族。

提问：你们搜集了哪些蒙古族建筑的相关资料？给大家介绍一下。

学生回答：蒙古族居住的圆形毡房叫蒙古包。蒙古包不仅轻便，易于拆卸和搬运，还具有冬暖夏凉，对大风雪阻力小的特点，最适宜于游牧生活。

2. 出示吊脚楼和半边楼的图片。

提问：有哪些少数民族有这种建筑？

学生回答：土家族、苗族、布依族等。

提问：谁能把你搜集的相关资料给大家介绍一下？

学生回答：土家族主要分布在湖南、湖北、重庆、贵州四省市交界地区。历史上土家族与汉族接触较早，受影响也较深。土家族的特色建筑是吊脚楼。

吊脚楼建筑在斜坡地窄、有两三层阶梯的坡地上。布依族的吊脚楼又叫"半边楼"，建于斜坡之上，因其前半部分为楼房，后半部分为平房，故名。

3. 提问：你们还搜集到哪些少数民族的特色建筑？

学生回答：分布在云南、四川等地的普米族的特色建筑是"木楞房"，聚居在云南的德昂族的特色建筑是"竹楼"，聚居在海南的黎族的传统建筑是"船形屋"……

五、教学资源

参考网址

http：//www.cnhubei.com/200510/ca902888.htm（土家族吊脚楼）

http：//www.gz.xinhuanet.com/zfpd/2004－04/01/content_1900881.htm（布依族建筑）

（教师）笔记

（教师）
笔记

四年级上册

照片架

一、可进行民族团结教育的课程

北京市义务教育课程改革实验教材《劳动技术》四年级上册第一单元第二课。

二、进行民族团结教育的切入点

学生通过观察照片架中各少数民族的照片，了解相关的少数民族知识。

三、教学目标

1. 通过搜集资料和教师讲解，使学生增长民族知识。

2. 通过了解台湾的历史，使学生知道台湾是中国的一部分，进行相关的爱国主义教育。

3. 学生能设计制作出一个样式新颖的照片架。

四、建学建议

在导入时，让学生观察照片架中的照片，辨认出他们分别是什么民族。教师简单介绍相关少数民族的知识，学生作初步了解。

学生根据自己收集的资料，介绍满族、维吾尔族、高山族、景颇族等民族。

五、教学资源

文字参考资料

维吾尔族主要分布在新疆维吾尔自治区，种植棉花、小麦、玉米、水稻等农作物。维吾尔族有自己的语言和文字，信仰伊斯兰教。"多帕"即花帽，是传统的民族工艺品。"英吉沙小刀"驰名中外。烤馕、抓饭和烤羊肉串是维吾尔族独具特色的风味食品。古尔邦节和肉孜节是维吾尔族的两个重要节日。

景颇族主要分布在云南省。有自己的语言，现创制了以拉丁字母为基础的拼音文字。主要从事农业。黑上衣配银泡和红筒裙是景颇族的特色服饰。春菜是景颇族的风味食品。景颇族人能歌善舞，大型歌舞盛会有"目脑纵歌"。

高山族主要分布在台湾省。明朝时期，他们配合民族英雄郑成功，打败了荷兰殖民者，收复了台湾。他们喜欢用鸡尾、鸟羽做头饰。鹿皮是他们最珍贵的衣料。烤鹿肉、酸鹿肉是高山族的风味食品。高山族的重大节日有播种节和丰收节。传统体育活动是竿球和背篓球。

满族是我国人口较多，分布较广的民族之一。优秀古典小说《红楼梦》的作者曹雪芹、当代人民艺术家老舍以及爱国将领王光宇、陈翰章、关向应等都出自满族。旗袍是满族人的特色服饰。具有民族风味的"满汉全席"驰名中外，小吃"萨其玛"也很有名。"三面炕"是满族的居住特色。骑射、举重、"跳马"和"跳骆驼"是满族的传统体育活动。

（教师）
笔记

四年级下册

纸娃娃

一、可进行民族团结教育的课程

北京市义务教育课程改革实验教材《劳动技术》四年级下册第一单元第一课。

二、进行民族团结教育的切入点

1. 了解少数民族的服饰特点。
2. 了解少数民族的风俗和生活习惯。

三、教学目标

1. 通过讲解少数民族服饰的特点，学生大致了解一些少数民族服饰的特点。

2. 通过教师的引导，学生能设计、制作出具有少数民族特色的纸娃娃。

四、教学建议

1. 教师出示穿着少数民族服装的纸娃娃。

提问：你们看，今天老师给大家带来的纸娃娃有什么特点？

学生回答。

教师出示保安族服饰图片。

讲解：保安族男子平时喜欢戴号帽（用白布或黑布做的一种布帽），穿翻领大襟长袍，束腰带，系腰刀，足蹬高筒马靴，显得威武潇洒。妇女喜欢穿颜色鲜艳的衣服，上身多是大襟袄上套坎肩，长袍一般刚过双膝，衣襟和裤边有不同花色的"夹边"；此外，妇女们还喜欢戴盖头，通常少女戴绿色的，婚后戴黑色的，老年戴白色的。

教师出示塔吉克族服饰图片。

讲解：塔吉克族服饰具有鲜明的民族特色。传统的民族服装以棉衣和夹衣为主，没有明显的四季更替服装，这与帕米尔地区高寒气候条件有关。女子服装有年龄和已婚、未婚之分。已婚妇女外出时常系三角形绣花腰带，系后身围裙，常佩戴胸饰、项链和发饰。老年妇女留一条长辫，不带佩饰物。中年妇女留鬓发，长与耳垂相齐，亦留一条发辫。青年妇女讲究服饰的美观和色彩的艳丽，头戴塔吉克女士花帽，花帽上绣有各色案，五彩缤纷，喜穿大红、深绿和鹅黄等色彩鲜艳的衣裙，并爱穿黑条绒外套。男子一般戴黑绒圆高筒帽，帽里用优质黑羔羊皮缝制，帽的下沿卷起，露出一圈皮毛。一般穿套头的衬衣，系绣花腰带，冬季加穿皮大衣。

教师出示维吾尔族服饰图片。

讲解：维吾尔族妇女穿的长外衣、短外衣、背心、裙子、衬衣、裤子等几乎所有的服装都绣有花的图案。她们喜欢头披白纱头巾，头右侧戴顶"塔里亚拜克"（装饰用的小花帽）。维吾尔族青年男子喜欢穿套头衬衣，显得别致而又华丽。

（教师）
笔记

五年级下册

菜刀的使用方法和技术

一、可进行民族团结教育的课程

北京市义务教育课程改革实验教材《劳动技术》五年级下册第二单元第一课。

二、进行民族团结教育的切入点

了解英吉沙刀和保安腰刀的民族手工艺特点。

三、教学目标

1. 了解这两种民族手工艺的特点。

2. 学生通过搜集资料、交流汇报和听老师讲解，了解少数民族手工艺品的特点。

四、教学建议

1. 教师出示英吉沙小刀，讲解这是维吾尔族的传统手工艺品。维吾尔族主要分布在新疆维吾尔自治区，英吉沙刀以原产地英吉沙县命名。该县位于天山以南的塔里木盆地西部边缘，传统手工艺品制作比较发达。这种小刀有五大特点：一是钢口锋利非凡；二是造型独特，花色品种多样；三是刀柄装饰华丽；四是用维吾尔语或汉文在小刀柄上模戳"英吉沙"的标记；五是有合身的刀鞘。

2. 请同学介绍他们收集的资料。学生介绍：英吉沙小刀多数为弯刀，刀把有木质、角质、铜质、银质，非常讲究。小刀是当地男子的日用品和日常装饰品，平时切西瓜、割肉都离不开小刀。小刀的制作工艺精良，是维吾尔族著名的手工艺品，具有浓厚的维吾尔风情。刀刃精心打制而成，异常锋利。刀身水磨刻字。除了刀刃锋利以外，还讲究造型，刀柄镶有银、铜、玉、宝石等，形成精美图案。刀鞘用牛、羊皮模戳压制而成。

3. 教师讲解：保安族主要分布在甘肃和青海等地，主要从事农业、牧业和手工业。保安族所制腰刀，工艺精巧，锋利耐用，被称作"保安腰刀"，具有独特的民族风格。

（教师）笔记

图书在版编目(CIP)数据

小学民族团结融入学科教育读本/北京市东城区回民小学
编著. —北京:民族出版社,2013.1
(北京民族教育丛书)
ISBN 978 - 7 - 105 - 12620 - 0

Ⅰ.①小… Ⅱ.①北… Ⅲ.①民族团结—爱国主义教
育—小学—教学参考资料 Ⅳ.①G623.13

中国版本图书馆 CIP 数据核字(2013)第 010804 号

策划编辑:罗　焰　康厚桥
责任编辑:冯　敏
出版发行:民族出版社出版发行
地　　址:北京市和平里北街 14 号
邮　　编:100013
网　　址:http://www.e56.com.cn
印　　刷:北京市迪鑫印刷厂
经　　销:各地新华书店经销
版　　次:2013 年 12 月第 1 版　2013 年 12 月北京第 1 次印刷
开　　本:787 毫米×1092 毫米　1/16　字数:250 千字
印　　张:12.5
定　　价:45.00 元
ISBN　978 - 7 - 105 - 12620 - 0/G · 1858(汉 884)

该书如有印装质量问题,请与本社发行部联系退换

汉文编辑一室电话:010 - 64271909　　　发行部电话:010 - 64224782